巴基斯坦研究丛书
四 川 大 学 巴 基 斯 坦 研 究 中 心
教育部人文社会科学重点研究基地四川大学南亚研究所
陈继东　晏世经／主编

# 中亚—南亚的恐怖主义与地区安全

Zhongya—Nanya De Kongbu Zhuyi Yu Diqu Anquan

陈继东　主编　　朱颀　副主编

四川出版集团　巴蜀书社

四川省哲学社会科学研究规划
项目“巴基斯坦研究”系列成果

# 目 录

# 总　论

# 引言

# 第二届“中亚—南亚的恐怖主义与地区安全”研讨会议综述

陈继东　杨　勇[①]

2011年5月14—16日，由四川大学巴基斯坦研究中心与兰州大学中亚研究所共同主办、四川大学巴基斯坦研究中心承办的第二届“中亚—南亚的恐怖主义与地区安全”研讨会在四川大学召开。来自北京、上海、甘肃、新疆、陕西、云南、四川等地的专家、学者四十余人与会。

与会学者认为，中国与中亚、南亚国家在政治、经济上联系日渐增强，中国有更多的企业走向中亚、南亚参与当地经济建设，但近年来，中亚、南亚地区的恐怖主义组织相互串通，特别是在后本·拉登时代，本地区安全与稳定问题更加突出，预测难度加大，因此，加强学者交流、研究，极为重要。与会学者对中亚—南亚跨区域研究给予了肯定，认为此次会议正逢其时，有助

---

① 陈继东，四川大学巴基斯坦研究中心执行主任。杨勇，四川大学历史文化学院世界史专业2011级博士生。

于促进对该地区安全形势的研究。

会议发言讨论的主要情况综述如下。

## 一、中亚、南亚局势述评

### （一）关于中亚形势

近期吉尔吉斯斯坦政治动荡颇受人们关注，大国介入对该地区政治力量格局产生了重大影响。吉尔吉斯斯坦南部乌族与吉族冲突，对中亚地区民族关系将会产生深远影响。

吉尔吉斯斯坦政治动荡的影响具体表现为：（1）对中吉关系总体影响不大，但对新疆地区影响不小。（2）对上海合作组织的影响，该组织的空心状态再次显现。（3）对反恐的影响。大量枪械、资金流落民间，可能会壮大恐怖主义势力。（4）恶化该地区吉—乌两个民族关系，并进一步影响吉—乌两国关系。（5）大国介入后地区格局前景难以预料：俄罗斯的影响加深，但美国军事存在注定美国不会被排挤出局。

关于中亚其他国家的局势：（1）哈萨克斯坦已经基本摆脱经济危机，经济缓慢恢复。（2）塔吉克斯坦毒品问题突出，国内恐怖主义组织实施恐怖主义行为的能力上升，与区外势力联合的趋势在加强，向周边扩散趋势明显。（3）土库曼斯坦政治基本稳定，经济恢复较快，但还没有达到危机前水平。（4）乌兹别克斯坦政局基本稳定，经济增长较快，但是与其他中亚国家关系紧张，主要表现在与塔吉克斯坦的水资源争端；与吉尔吉斯斯坦存在水资源、能源、边界、文化等多方面的矛盾。

## （二）关于南亚形势

南亚反恐进入“后拉登”时期。“基地”组织首领本·拉登被美军特种部队击毙于巴基斯坦境内。标志着全球反恐进入“后拉登”时期的新阶段，对未来南亚反恐和国际关系的局势走向影响广泛而深远。

本·拉登被击毙的影响主要体现在三个方面：（1）“基地”组织的影响力会有所衰减，但行动力不受影响。“基地”组织虽然会出现新的领导人，但无论是扎瓦赫里还是别的人，都不可能具有本·拉登那样的个人号召力，因此，“基地”组织的影响力将衰减。但本·拉登的被击毙并不影响“基地”组织的行动力，其发动恐怖袭击的能力仍将保持，国际反恐依然任重道远。（2）“基地”组织的分散化，增大反恐难度。（3）国际反恐将进入多中心时期。

南亚国际关系面临调整，反恐合作进入新阶段。本·拉登被美军特种部队击毙于巴基斯坦，证实了本·拉登藏匿在巴基斯坦的传闻，由此引发了一系列的问题：

（1）巴基斯坦处境困难。外交方面，对巴美关系、印巴关系、巴阿关系都将产生深刻影响。内政方面，巴政府和军方处于两难境地。

（2）巴美会继续反恐合作，但角色已经发生变化。美国需要巴继续合作反恐，巴需要美国的各种援助、以巴美关系牵制印美关系，由此决定了巴美关系不会破裂。美国不会对巴寄予更大期望，巴对美的战略价值要打折扣。巴基斯坦在美国反恐战争中的角色，既是合作者，也是被防范者，特定情况下还可能是被打击者。

（3）印巴对话气氛被毒化，两国关系走向微妙。

（4）阿富汗民族和解出现契机，巴阿关系更趋复杂。

## 二、中亚—南亚地区恐怖主义组织及其他极端、恐怖组织现状与发展趋势

与会学者主要就中亚地区宗教极端势力活动的特点、趋势及影响，中亚—南亚地区的恐怖主义现状，南亚恐怖主义加剧的原因，塔利班的现状与走向、巴基斯坦“塔利班化”的发展，印度教恐怖主义等议题进行了讨论。

针对中亚地区的宗教极端势力的情况，有学者指出，以“乌伊运”、“伊扎布特”、“东突”为首的中亚地区宗教极端势力，趁2010年以来吉尔吉斯斯坦政局不稳，塔吉克斯坦伊斯兰社会思潮兴起和南亚阿富汗、巴基斯坦局势动荡之机，大规模向中亚地区回流，连续制造暴力恐怖事件。同时，不断加强宗教极端势力思想宣传，加紧招募人员扩大影响，并妄图在中亚地区建立新的军事训练营地。中亚地区“宗教极端势力”再度活跃，造成地区安全形势恶化，应加强研究，以利防范打击。

中亚宗教极端势力活动特点及趋势：

（1）中亚宗教极端势力调整斗争策略，利用部分国家政局不稳和社会危机，加强向政坛渗透，谋求政治利益，这代表着其强

劲和最危险的发展趋势；

（2）中亚国家社会伊斯兰化思潮再次趋强，为地区宗教极端势力进一步加大极端宗教思想的传播、渗透提供了思想基础；

（3）宗教极端势力组织体系完善，使得它的再生能力得到加强，对地区安全的威胁进一步增大，它的战斗力不断提升，使得他们甚至可与中亚国家政府的强力部门直接对抗；

（4）暴力恐怖活动仍是中亚地区宗教极端势力达成政治目标的一种重要手段，且更趋极端暴力，对地区社会治安形势和地区安全形成的威胁更加严重；

（5）阿富汗局势动荡对中亚地区宗教极端势力活动起到推波助澜作用，美国撤军并准备向阿富汗安全部队移交安全责任，将使中亚地区宗教极端势力获得更多的活动空间。

中亚宗教极端势力活动的影响：

（1）在地区国家层面：使得该地区国家安全形势恶化，影响经济发展，搅乱该地区国家政局，导致思想混乱。

（2）在地区国家间关系层面：挑起相关国家的纷争，降低该地区国家之间的互信，加剧中亚国家间原来就存在的边界纠纷。

（3）在地区国家与区外国家关系层面：给区外国家渗透提供了机会。

也有学者指出，从过去两年来看，中亚的恐怖主义主要是政治问题。如，吉尔吉斯斯坦和乌兹别克斯坦都试图说明，自己国内的恐怖主义是国际恐怖主义的一部分，但实际上，很大程度是国内或是周边的民族冲突问题。

在南亚安全形势方面，学者们主要将注意力放在阿富汗、巴基斯坦和印度三国。

有学者对阿富汗塔利班的现状及走向进行了分析。指出，塔利班的资金主要来自毒品、海外捐款以及敲诈平民、商人或绑架人质等。塔利班袭击手段进一步恐怖化，增加了对平民、与政府合作者的袭击。

对于塔利班的走向，有学者指出，塔利班也面临一系列困境，包括：(1) 塔利班不可能重新掌握政权，在于它对平民的杀害导致其失去人心，但其核心竞争力仍然存在。(2) 阿富汗传统的权力结构也是限制塔利班崛起的重要因素。(3) 阿富汗政府及安全能力的加强。(4) 反塔利班的非普什图族的势力的壮大。(5) 塔利班自身的问题，使其很难成为一个统一的整体。(6) 阿富汗人习惯支持强者。塔利班有很多出路可选，包括和谈。如果参与和谈，将会导致塔利班的分裂。

对于巴基斯坦的形势，有学者指出，巴基斯坦可能出现“塔利班化”的发展态势。因为巴基斯坦有“塔利班化”的条件和土壤：(1) 阿富汗“塔利班”对巴基斯坦“塔利班化”的影响巨大；(2) 巴部落地区自治状态助长了“塔利班化”的发展势头；(3) 巴大量的宗教学校为“塔利班化”提供了有利条件；(4) 巴政府承认并支持部落自治，无法有效管理；(5) 巴境内大部分暴力恐怖活动均系“塔利班”所为，巴基斯坦“塔利班”仍是最具威胁的恐怖团伙。

有学者对印度的恐怖主义进行了分析，认为在印度，穆斯林并不垄断恐怖主义。在印度的穆斯林、基督教徒、印度教徒、锡克教徒甚至佛教徒中，都一直存在恐怖主义团体，且世俗的恐怖组织杀伤力最大。

学者们也提出了需要进一步思考的问题：(1) 从长远看，塔利班仍然是一股极端主义势力，但需要把极端势力与恐怖主义势力区分开来。极端主义是消灭不了的，是争取？是和平共处？还是消灭它？这是一个值得思考的战略性问题；（2）美国从阿富汗撤军后，我国如何应对新的形势？（3）本·拉登之死的影响有多大？等等，还需继续研究。

## 三、地区安全与反恐合作

学者们对南亚地区的反恐形势以及恐怖主义形成的根源进行了讨论，主要有以下几点：

（1）以南盟为平台的反恐合作日渐完善，但由于印巴之间缺乏政治互信、在对恐怖主义认定上分歧严重，使南亚地区的统一反恐战略难以制定和实施。

（2）在反恐中，阿富汗和巴基斯坦处于夹缝的状态：两国处在国际国内各种政治力量、邻国的多重压力之下，因此，在是否反恐、反恐的对象是谁等基本问题上左右为难，举棋难定。单靠本国力量难以消除恐怖主义，国际援助必不可少，但何时引进外部力量、引进外部力量的数量、方式等，却是一把双刃剑。

（3）巴基斯坦内部政治体制不稳和社会矛盾，使得巴基斯坦国内教派冲突易受外界影响，进而使巴基斯坦成为外来力量博弈的战场，教派冲突中的各方与外来力量相互利用、相互结合，使得教派冲突愈演愈烈，并日益走向恐怖主义的道路。这不仅是巴基斯坦政治稳定和社会发展的巨大障碍，也为地区安全局势增加了更多的不确定因素。因此，教派冲突不改变，国际秩序不改变，巴基斯坦的恐怖主义就不会消失。

（4）反恐使巴基斯坦深陷困境：一方面，反恐战争和恐怖袭击给巴社会发展和稳定带来巨大压力，造成数以百万计的人员流离失所。另一方面，遭受反恐战争拖累和恐怖袭击困扰的巴政府，无力顾及民生和社会发展问题。

对于恐怖主义的产生，归纳起来有如下看法：

（1）阿巴地区的恐怖组织是美国人在20世纪70年代为了对抗苏联而训练的。当柏林墙倒塌后，西方离开该地区，这些人生活无着，找不到资金来源，选择进行恐怖活动。因此，要从根源上消除恐怖主义，只有发展经济。

（2）贫穷是南亚地区恐怖主义屡禁不止的根本原因。

（3）贫困不是恐怖主义的唯一根源，发展经济也不是解决恐怖主义的唯一手段。应该从多源角度考虑恐怖主义产生的根源，而不能仅考虑经济这一重要因素。

（4）冷战结束以来，国际体系发生了深刻的结构性变化，形成国际强势集团主导的国际秩序。国际弱势群体被剥夺了挑战体系现状的权利，他们表达意志的渠道和实现利益的手段被封死，恐怖暴力成了他们表达意志和捍卫利益唯一可行的选择。

## 四、美国的阿巴战略及其影响

学者们主要围绕美国从阿富汗撤军、撤军后南亚相关国家可能会出现的情况等展开了讨论。归纳起来有以下几点：

（1）自2008年美国次贷危机以来，美国失业率一直徘徊在

9%上下。若干州政府已经负债累累，处于破产边缘，需要联邦政府的财政援助。然而，联邦政府必须保证高昂的战争开支，同时不得不削减教育、社会福利、失业补助等方面的开支。这种财政拨款安排越来越遭到选民的反对。要求停止战争、把军费开支用于恢复经济和改善民生的呼声越来越高。

（2）在阿富汗战场上，奥巴马的新战略收效平平，其执政能力受到质疑。2012 年总统选举迫在眉睫，战场上的捷报和兑现撤军承诺是推高奥巴马支持率的最迫切措施。

（3）北非和中东地区是美国地缘战略的关键地区和能源安全的中枢。该地区预想不到的政治动乱干扰了奥巴马政府结束两场战争、实施战略东移亚太的重大部署。

（4）经过内部评估和争执后，奥巴马政府决定同意卡尔扎伊政府与塔利班秘密谈判，以期达成政治解决方案。为了分化瓦解基地组织和塔利班内的极端顽固势力，美国已经放弃了与阿富汗塔利班谈判的前提条件。有美国媒体透露，美国政府和阿富汗塔利班高级官员已经开始直接秘密谈判。

（5）对于美国从阿富汗撤军的问题，学者们认为，奥巴马出于国内政治局势的考虑，从阿富汗撤军是肯定的，奥巴马必须取信于民，但美国在阿富汗撤军的速度、力度还有待观察。美国已经与阿富汗政府在商谈签署“战略合作协议”。根据该协议，美军可在阿富汗保留 2—6 个基地。即，美国目前正在做两手准备：进，可争取在阿富汗战场取得理想战果，维持与巴阿的战略伙伴关系，谋取地缘战略利益。退，可按伊拉克模式，由亲美的阿富汗政府和军警接管政权，避免重蹈越南战争的覆辙。

（6）美国开设中亚运输通道，可能背后有更长远的考虑。

（7）本·拉登被击毙后，巴基斯坦在美国的全球战略中的地位有所下降。

（8）当前的阿富汗局势对中亚国家的消极影响表现为：毒品经济荼毒中亚，安全形势恶化“外溢”中亚，“北方通道”导致更多袭击。

会议还专门安排一节时间，讨论了当前世界主要热点问题。

# 专题一

# 中亚—南亚反恐形势述评

# 试论恐怖主义在中亚的发展新动向及防控措施

周 毅 蒙 慧①

恐怖主义事件的发生对一个国家或者地区的人民生命与财产安全造成极大的危害，探究恐怖主义发生的原因是阻止其恶性事件发生的基础，根据当前国际形势及中亚发展的实际情况，客观预测未来恐怖主义的发展动向才能制定出相应的有效措施。

## 一、中亚恐怖主义的发展现状

近年来，中亚地区的恐怖主义犯罪发展迅速，已经成为国际恐怖主义、民族分裂主义和宗教极端主义的发展中心，世界恐怖主义事件的根据地，严重破坏了该地区甚至全球的经济发展、社

① 周毅，兰州大学政治与行政学院硕士研究生，蒙慧，兰州大学政治与行政学院教授。

会稳定与国家安全。中亚地区的恐怖主义事件主要依靠宗教极端主义与主权独立思想，从上个世纪以来通过制造危害某一地区人民的生命与财产安全的恐怖袭击事件到向当权政府发出挑战。

上世纪以来中亚恐怖主义事件不断发生，本世纪在中亚国家联合打击下有所消弱，特别是基地组织与阿富汗塔利班把美国当成主要攻击目标后，中亚地区受到的恐怖主义事件减少许多，但是仍陆续发生。2001 年 9 月 11 日由“基地组织”的恐怖分子劫持飞机撞击美国纽约世贸中心与华盛顿五角大楼，造成 3000 多人丧生的惨剧；2004 年 3 月 17 日，由基地组织策划的马德里火车连环爆炸案共造成至少 191 人死亡，1800 余人受伤；2009 年 7 月 5 日在中国新疆乌鲁木齐市发生的打、砸、抢、烧事件造成 156 人死亡，1080 人受伤，暴露出热比娅与世维会的恐怖分裂本质，目的在于制造仇恨、撕裂民族、分裂国家；2011 年 3 月 8 日由塔利班策划的巴基斯坦汽车弹药爆炸案造成至少 25 人丧生。

中亚的恐怖组织主要有“乌伊运”、“基地组织”、“塔利班”、“东突”等组织，已经发展成熟。一般都具有鲜明的政治目的，采取爆炸、暗杀、投毒、绑架等方式在公共场所袭击平民百姓，危害人民的生命与财产安全。且各个组织之间相互独立又有联系，必要时相互提供人员、资金、场所帮助，已经形成国际化作案；各个组织已经实现规模化、系统化，具有严格的分工与专业训练基地；部分国家或者组织出于各种目的提供资金资助，使中亚的恐怖组织能够不断强大起来。中亚恐怖组织的成熟发展也给打击恐怖主义的工作增加了更大的难度。

## 二、中亚发生恐怖主义事件的原因探讨

### （一）中亚各国经济基础薄弱

德国的李斯特说：大众的贫穷，是培养犯罪的最大基础，也是遗传素质所以质变的培养液。改善劳动阶级境况是最好的和最有效的刑事政策。[①] 中亚经济一直处于世界较低水平，在苏联解体后，中亚各国丧失了联盟中央的财产补助后，各国经济普遍陷入困境之中。国家收入减少，失业率急剧上升，人民生活水平大幅度降低。1998 年中亚各国失业率分别为：吉尔吉斯斯坦 3.1%，塔吉克斯坦 2.9%，乌兹别克斯坦 0.4%，哈萨克斯坦 3.7%。[②] 人民的工作问题直接造成温饱问题。物质基础决定上层建筑，物质需求的不满足直接造成中亚各国人民的精神需求落后，文化设施的缺失造成半文盲与文盲人数增多。同时青少年的思想政治教育得不到满足，意识形态出现偏离。新的国际形势带来新旧政治体制更替、宗教政策改变，这些必然产生宗教、政治、历史、民族、经济等方面的一些摩擦。不和谐的因素在外界作用的推动下转化为极端主义与恐怖主义。

---

① ［美］哈罗德丁。维特、小杰克、赖特著，徐淑芳、陈觉非译：《犯罪学导论》，知识出版社，第 100 页。

② 马勇，王建平：《中亚的恐怖主义的探源》，载《世界经济与政治》，2003 年第 2 期。

## （二）宗教信仰极端化的兴起

众多的恐怖组织成员都是伊斯兰教成员或者打着复兴伊斯兰教的口号，由于苏联认为宗教是与马克思主义相背离的意识形态，对伊斯兰教采取严格的管理措施，强行抑制其发展。通过取缔教经学院、关闭寺院、反宗教宣传、破坏宗教设施等手段使伊斯兰教文化在人民的政治、经济、生活中的影响逐步减弱。但是，“伊斯兰教”作为一种生活方式，植根于信教群众心中的宗教信仰，仍然蕴含着巨大的社会潜能。[①] 伊斯兰教在苏联时期的确受到了严重打击，但是人们仍然保持着私下活动，为之后伊斯兰教复兴奠定了基础。戈尔巴乔夫执政后的改革中就放宽意识形态控制，提倡的“新思维”使宗教也得到了自由发展，伊斯兰教在这个时期重新得到认同，《古兰经》被翻译成多种文字在中亚地区公开发行，很多地区大肆修建清真寺及经文学校，思想的自由开放使大量的青年积极参与宗教活动。伊斯兰教对中亚各国人民的生活、思想、活动、文化进行了全面的渗透。苏联解体后，中亚各国独立，其政治、经济、文化都处于混沌状态，各政府都在摸索各国的发展方式，极端的伊斯兰教旨运动也乘虚而入。伊斯兰教旨主义运动的实质是以宣传宗教为表面形式的政治运动。由于“圣战”在伊斯兰教中具有神圣意义的象征：象征斗争是安

① 常玢：《伊斯兰教在中亚的传播与发展》，载《中欧中亚研究》，2001 年第 1 期，第 85 页。

拉赋予的神圣的使命，因此，斗争便具有正义性和巨大的感召力。[①] 因而伊斯兰教极端分子举起“圣战”的旗帜，以恐怖主义的形式向当权政府发起进攻，试图通过宗教的形式实现政教合一。

## （三）根深蒂固的民族矛盾

中亚国家是多民族聚居地区，各个民族由于政治、文化、历史等各方面原因而关系复杂，矛盾历史悠久且根深蒂固，这些为恐怖主义提供了条件。比如乌兹别克斯坦的民族问题已经有二十余年，主要是乌兹别克人与吉尔吉斯人之间的矛盾，在少数民族领导人和官方语言上，吉政府一直没有合理的规定，同时由于恐怖主义组织“伊扎布特”崛起于乌兹别克斯坦，乌兹别克人在吉尔吉斯斯坦经常会受到宗教上的刁难，直接挫伤了乌兹别克人的民族感情；哈萨克斯坦则是哈萨克斯坦人与外来俄罗斯人的矛盾，苏联政府由于政策原因吸引大量群众移民到哈萨克斯坦，一度使外来移民超过当地人民，随之而来的政治、文化、就业等方面的矛盾出现，历史悠久的民族矛盾到现在也未能解决，而恐怖组织利用其中的矛盾制造事端；吉尔吉斯斯坦分别于哈萨克斯坦、乌兹别克斯坦接壤，境内有八十多个民族，民族矛盾主要是第一大民族吉尔吉斯族与第二大民族乌兹别克族之间历史悠久的冲突。在吉尔吉斯斯坦南部和阿富汗接壤的边界地区，不断有恐

① 陈嘉厚主编：《现代伊斯兰主义》，北京：经济日报出版社，1998 年版，第 78 页。

怖分子入境，大部分为“东突”分子，民族矛盾就是恐怖分子利用的一个手段；塔吉克斯坦国内的矛盾主要是居住在经济比较富裕的北方列宁纳巴德州的乌兹别克人与生活相对贫困的南方的塔吉克人之间的矛盾。同时东西部矛盾则是塔吉克族不同部族间的矛盾，居住在东部的是帕米尔高原和山区的山地塔吉克人，以牧业为主，生活条件差，而西部的平原塔吉克人从事农业，生活相对稳定，各种混杂的民族矛盾关系也成为周边恐怖分子利用的工具。

民族矛盾本是一国境内的内部矛盾，但也正是被恐怖分子利用的软肋。恐怖分子通过教唆、串通、蛊惑当地的部分民众制造恐怖事件，激发仇恨、引起冲突、激化矛盾，危害民众的生命与财产安全，或引起政治动乱。

## 三、中亚恐怖主义的未来发展动向及防御措施分析

恐怖主义已经严重威胁到了中亚人民正常的政治、经济、生活秩序，从源头上打击恐怖主义是中亚各国有效控制恐怖主义发展的主要措施，根据目前世界发展的整体情况预测中亚恐怖主义的未来发展动向，并作出相应的预防措施。

### （一）中亚恐怖主义将继续利用各国边境交界的地理位置优势

费尔干纳为中亚一个典型的各国边境交界的地区，由塔吉克斯坦、吉尔吉斯斯坦、乌兹别克斯坦三国包围，地形复杂，山脉纵横交错，道路崎岖，洞穴林立，进出非常困难。同时由于地处三国边境，边境防卫难度大且管理松弛，为恐怖组织成员提供了绝佳的逃逸途径与藏匿之处。从乌兹别克斯坦、塔吉克斯坦、吉尔吉斯斯坦实施恐怖行为极易逃至费尔干纳隐藏。同时该地区社会问题比较严重，具体表现为居住的民族复杂且人口稠密，但是经济相对落后，居民生活水平低下，犯罪率极高、治安秩序混乱，伊斯兰教传统势力雄厚，恐怖组织极易吸纳成员、发展势力，这些为发展恐怖主义提供了各方面的条件。由于费尔干纳地处三国边缘，各国的政府都难以实现切实控制，未来中亚的恐怖组织仍会继续利用其位置的优越性。同时中亚各国都相互接壤，各个恐怖组织在各国之间来往比较方便，在一定程度上增加了跨国打击恐怖组织的难度，各国之间的接洽、合作需要紧密的配合。所以，中亚恐怖组织仍然会利用中亚的特殊地理位置优势，将该地作为根据地。

针对中亚恐怖主义的特点，各国应加强边境的治理，严格出入境人员检查，防止恐怖人员自由进出境。同时提高边境地区的生活水平，改善当地人民的生活质量，增加人民的收入，减少违法犯罪事件，从根本上减少恐怖主义事件的发生；加大文化教育事业投资，增加青少年文化知识，使他们从思想意识形态上认知民族团结、社会和谐发展的重要性；对边境地区加大兵力，保证打击恐怖主义的人员需要；各国边境兵力应熟知周边地区的实际情况，以便增加反恐斗争的便利性。

## （二）中亚恐怖主义会得到某些别有政治目的国家的支持

恐怖组织从表面看是独立的，但实际上与各个国家的政治目的有千丝万缕的关系，某些国家从表面上积极与世界各国合作共同打击恐怖主义，但出于某种政治、经济目的也会教唆恐怖组织进行违法活动，且从中提供资金、物资、武器支持。比如资本主义国家与社会主义国家之间的隔阂，目前世界上大多数资本主义国家都是发达国家，而社会主义国家处于相对贫穷、落后状态，资本主义国家则会利用社会主义国家的内部矛盾支持恐怖主义事件，促使其发展。2008 年 3 月 14 日发生在中国西藏的打、砸、抢、烧事件，就是藏独分子在西方反华势力的支持下，利用宗教的虚假外衣在西藏肆意恶化中国形象，企图制造事端引起藏汉民族仇恨，最终达到分裂政权的目的。日本的一些学者告诫政府：放弃对伊斯兰的恐怖与偏见，其中一个重要的思想是“作为共产主义替代物的伊斯兰复兴主义，对欧美不一定有威胁”，其祸水东引的意图非常明显。[①] 所以不排除部分国家出于各种政治目的，在积极参与世界各国的反恐组织合作的同时，为了抑制某些国家的发展，也从中进行支持恐怖主义活动的可能性。土耳其恐

---

① 潘志平：《民族自决，还是民族分裂》，新疆人民出版社，1999 年版，第 372～373 页。

怖主义问题专家鲁森·沙基尔曾指出："在中亚，同原教旨主义活动结合在一起的还有大国的'大游戏'，也就是说，美国、德国、英国、日本的'大游戏'它们拥有或收买走卒，这些走卒往往是恐怖分子。"[①] 部分国家在打击恐怖主义时根据本国的政治目的而有政策调整，部分中亚恐怖主义能够得到西方国家的同情与支持也是未来中亚恐怖主义发展的方向之一。

为了抑制西方国家对中亚恐怖组织的支持，必须制定全球反恐公约，从成文的法律上规范各国的反恐行动，从目前恐怖主义组织的成员结构及其犯罪的国际化情况来分析，对恐怖主义的防范和打击不能仅仅局限于中亚地区，中亚各国应加大与世界各国的合作，从中分享经验。各国要切实履行国际公约与地区公约确定的义务，同时也要履行国际形势司法协助义务，执行"或引渡或起诉"原则。由于地理位置优势，中亚地区更要加强与南亚、东南亚的反恐合作。

### （三）中亚恐怖主义将加大利用国家之间矛盾的力度

中亚众多国家边境线相连，相邻国家由于政治、经济、军事、历史等原因存在不同程度的矛盾纠纷，利用国与国之间的不和也是未来恐怖组织的战略措施之一。比如中国与印度的边境线一直存在争议，至今尚未得到解决，另外中印之间存在的水资源问题，中国西藏的雅鲁藏布江的下游就是印度的布拉马普特拉

---

① ［墨西哥］路易斯·阿尔韦托·加西亚：《原教旨恐怖主义》，载《至上报》2001年5月5日。

河，由于全球的淡水资源紧张，中印在对雅鲁藏布江的开发上存在争议，这些争议目前都不会引发战争，但是恐怖组织可以以此为导火索制造争端、引发冲突；巴基斯坦与以色列之间存在历史遗留下来的民族问题与领土纠纷，到目前为止都没有得到解决，恐怖组织已经利用双方的矛盾不断制造恐怖事件，其中也有西方大国出于政治、经济目的进行干涉，未来巴以冲突仍是恐怖组织实施行动的一个挡箭牌。中亚国家之间矛盾比较繁多，未来恐怖组织仍会利用这一冲突。

为避免恐怖组织在中亚各国之间矛盾中寻找突破点，各个国家之间应建立直接谈话机制，在有可能的冲突事件后能够直接沟通，避免国与国之间的误会。恐怖主义是关系各个国家的共同安全利益，增加中亚联合军演，提高军队和地方政府在反恐斗争中的协调能力。同时各个国家之间具有争议问题的解决能够从根源上减少被恐怖组织利用挑起争端的机会。

在中亚，打击和防范恐怖主义的任务比较艰巨。中亚恐怖主义几乎集中了全球的恐怖主义势力，产生的原因繁多且复杂，既有深刻的内在原因，又有极为复杂的外部原因。近年，“9·11”事件以来，美国集中力量打击恐怖主义，全世界打击恐怖势力的力度也逐渐加大。但恐怖主义已发展成熟，规模也空前壮大，各个国家需要从自身出发解决好国家内部矛盾与冲突，也要与周边国家能够和平共处，建立反恐联盟，维护中亚地区、周边国家乃至全世界的稳定与发展。

**参考文献**

1. 马勇，王建平：中亚恐怖主义探源，世界经济与政治［J］，2003 年

第 2 期

2. 单鸣崇：中亚恐怖主义犯罪研究—以犯罪心理学为视角．新疆大学，2010 年 5 月

3. 张锦冬：一部分析地区恐怖主义犯罪的力作——读《中亚恐怖主义犯罪研究》．俄罗斯中亚东欧研究 [J]，2010 年第 6 期

4. 王小骄：中亚恐怖主义犯罪与新疆社会稳定研究 [D]．新疆大学，2005 年 6 月

5. 高华：新疆恐怖主义犯罪的新动向及防控措施．新疆职业大学学报 [J]，2010 年 4 月

6. 赵雪军：新疆恐怖主义犯罪成因分析与对策研究．福建警察学院学报 [J]，2010 年第 3 期．

7. 古丽燕：析恐怖主义犯罪与危害国家安全罪．新疆警官高等专科学校学报 [J]，2009 年第 4 期．

8. 王振海：戈尔巴乔夫时期苏联宗教政策及其影响 [D]．东北师范大学，2009 年 10 月

9. 李进新：积极引导新疆伊斯兰教与社会主义相适应 [D]．新疆大学，2007 年 6 月

10. 蒲丽霞：上海合作组织框架下中亚恐怖主义犯罪研究．新疆大学 [J]，2007 年 6 月

11. 王忠华，陈军：试析邓小平的法治思想．工会论坛 [D]，2003 年 11 月

# 南亚反恐形势述评

陈继东①

近期，南亚反恐发生重大事件，“基地”组织首领本·拉登被美军特种部队击毙于巴基斯坦境内。这标志着全球反恐进入“后拉登”时期的新阶段，对未来南亚反恐和国际关系的局势走向影响广泛而深远。目前，各方反应正在逐步显现，其影响也初露端倪。

## 一、南亚反恐进入“后拉登”时期

本·拉登作为“基地”组织首领，自 2001 年“9·11”以来，成为南亚和国际反恐的首要打击目标，他也因此成为全球恐怖主义组织和势力的精神领袖，这样，十年来的反恐战争深深地

---

① 陈继东，四川大学巴基斯坦研究中心执行主任。

打上了本·拉登的烙印。

本·拉登被击毙的影响主要体现在三个方面：

其一，“基地”组织的影响力会有所衰减，但行动力不受影响。

“基地”组织虽然会出现新的领导人，但无论是扎瓦赫里还是别的人，都不可能具有本·拉登那样的个人号召力，因此，“基地”组织的影响力将衰减。但本·拉登在十年躲避美军追捕中，已经逐步减少了对“基地”组织的具体指挥，本来就组织松散的“基地”组织更多采取各自行动的运行模式，因此，本·拉登的被击毙并不影响“基地”组织的行动力，其发动恐怖袭击的能力仍将保持，国际反恐依然任重道远。近几天巴基斯坦接连发生爆炸，已经证实了这一点。

其二，“基地”组织的分散化，增大反恐难度。

“基地”组织将进一步分散化，组织结构平行化，各自行动成为基本运行模式。领导人物更多的是起一种精神领袖作用，其对组织各部的指示更多是方针性要求，具体行动由各地组织自行安排实施。这样就增加了打击“基地”组织的难度。

其三，国际反恐将进入多中心时期。

在“基地”组织国际影响力有所下降的同时，别的恐怖组织、宗教极端组织的影响力会相对上升，形成多个恐怖袭击集中爆发地区，过去十年的反恐，基本上是以阿富汗为中心，逐步扩大至巴基斯坦，其他地区的反恐体现出零星性和衍生性特征，不是主要战场。今后，阿富汗—巴基斯坦仍将是反恐主战场之一，其他地区的反恐热度将上升，成为新的主战场，如北非、也门等地区。

## 二、南亚国际关系面临调整，反恐合作进入新阶段

本·拉登被美军特种部队击毙于巴基斯坦，证实了本·拉登藏匿在巴基斯坦的传闻，只不过本·拉登不是躲在阿富汗—巴基斯坦交界的部落地区。由此引发一系列问题：

其一，巴基斯坦处境困难。

外交方面，本·拉登长期藏匿在巴基斯坦的军事重镇阿伯塔巴德，巴基斯坦政府和军方虽然一再否认，但推脱干系的难度很大（穆沙拉夫也认为可能有“内鬼”）。这对巴美关系、印巴关系、巴阿关系都将产生深刻影响，尽管各国在外交姿态上有所掩饰，但其影响将呈现多方位、联动性特征。例如，美国国会要求减少对巴援助以惩罚巴反恐不力和调查巴“收留”本·拉登的动向，印度舆论掀起要求政府仿效美国对巴越界打击的“热议”，阿富汗要求美国加大压巴反恐力度，称巴为恐怖主义滋生中心，阿富汗成为反恐主战场是“选错了地方”。等等。

内政方面，巴政府和军方处于两难境地：否认知悉和参与美军行动，可以减轻来自国内宗教、部落势力的反对压力，但又陷于任由美国侵犯巴主权、巴无力维护国家尊严的尴尬境况，引发民族主义势力反美热潮和对政府、军方的质疑与批评。如果事实真的是美军的单边行动，那么，人们就有理由担心，美军可以照此行动，打掉巴基斯坦的核设施。事关国家根本利益，政府威信受损。

其二，巴美会继续反恐合作，但角色已经发生变化。

反恐任重道远，美国需要巴继续合作反恐，巴需要美国的各种援助、以巴美关系牵制印美关系，由此决定了巴美关系不会破裂（克里访巴修复两国关系）。美国不会对巴寄予更大期望，巴对美的战略价值要打折扣。美军继续追杀其他“基地”组织头目（扎瓦赫里据说藏在巴境内），既要求巴方合作，又要防范巴方“放跑”打击对象，还要作好准备，一旦巴方不配合或掩护打击对象，美军会对巴进行有限打击。这样，巴基斯坦在美国反恐战争中的角色，既是合作者，也是被防范者，特定情况下还可能是被打击者，美巴之间没有战略互信。巴美关系的新变化，促巴寻找新的外交支持：巴俄关系正在转暖，巴加入上合组织进程加快。中巴关系更加重要。

其三，美印合作增多，防范南亚失控仍是美的战略目标。

巴基斯坦在美国战略棋局中的角色变化，增强了美对印的合作需求，美印间的利益契合点增多，印对美的战略价值上升，印美反恐合作会进一步推进，美国支持印度在阿富汗发挥更大作用（但要顾及巴方关切）。

与此同时，美国需要防范南亚局势失控，会力阻印度对巴进行越界打击，劝说印度改善对巴关系，以减轻巴对印防范压力，促巴加大反恐力度。

其四，印巴对话气氛被毒化，两国关系走向微妙。

2010 年以来，印巴逐步回归对话轨道，今年借“板球外交”升温两国关系。本·拉登的被杀，在印度国内激起要求对巴越界打击的热议，印度军方也表示有此能力。虽然印度政府要顾及美国的反对和担心巴的核报复而会谨慎行事，但印度舆论的言论已经毒化了印巴对话氛围，不利于两国关系缓和，印巴关系的走向需要关注。

其五，阿富汗民族和解出现契机，巴阿关系更趋复杂。

本·拉登的被杀为卡尔扎伊政府与塔利班的和谈提供了契机，美军的撤离也有了合适的理由。连一直反对卡尔扎伊政府与塔利班和谈的印度也转变立场，表示支持与塔利班和解，以便当美军撤离后在阿富汗发挥更大影响。但这一契机能否转变为现实，还有待观察。

前一时期，阿富汗卡尔扎伊政府出于美国撤军后的外交考虑，加大对巴外交力度，巴阿关系有所改善。此次事件后，阿富汗政府多次要求美国加大反恐力度，欲把反恐主战场推向巴境内，减轻自己的反恐压力，引起巴方不满。但阿富汗局势稳定离不开巴方的合作，因此，阿富汗又不能过分刺激巴方，还要与巴维持关系。巴阿关系冷暖交织，起伏不定。

## 三、结语

目前，南亚反恐局势正处在深刻变化状态，各方立场调整含意深刻，对未来形势走向影响重大，值得关注和研究。

# 南亚恐怖主义再思考

胡志勇[①]

冷战结束以来，南亚发生了数起伤亡惨重的恐怖袭击事件，使得南亚成为继伊拉克之后，全球发生恐怖袭击事件和因恐怖袭击平民伤亡人数最多的地区。

## 一、南亚恐怖主义加剧的原因探析

恐怖主义的产生有着复杂的国际政治背景和社会、民族、宗教等方面的因素。当代恐怖主义产生的根源在于世界的强权政治、贫富不均和社会不公。[②] 恐怖主义在南亚的泛滥也有其深刻的社会历史背景，它既同全球化的发展与民族主义盛行有关，又

---

① 胡志勇，上海社会科学院亚太研究所副研究员。

② 张江山："当代国际恐怖主义简析及对策"，《铁道警官高等专科学校学报》，2002 年第 4 期，第 20 页。

同本地区的地缘战略环境和南亚国家的外交、宗教政策密切相连。

第一，南亚地区传统宗教势力的发展是南亚恐怖主义产生的重要根源。

南亚恐怖主义泛滥与地区传统宗教势力的新发展密切相关。南亚地区主要有印度教、伊斯兰教、佛教和锡克教等，教派之间长期存在着矛盾和冲突。其中，印度教和伊斯兰教的冲突最终导致了“印巴分治”。以印度教和伊斯兰教为两大主要宗教而分别独立的印度和巴基斯坦，长期利用宗教作为民族争斗和政治斗争的工具。对恐怖主义的恐惧鼓励了当地政府对伊斯兰教采取敌视态度，反过来，这种敌视行为又激起了以穆斯林为主体的巴基斯坦的憎恨，导致该地区宗教恐怖活动频发。需要指出的是，在南亚，宗教问题与民族问题常常交织在一起，这也导致了该地区恐怖主义的复杂化和长期化。一系列恐怖袭击事件也加剧了占印度人口大多数的印度教徒与占印度人口少数的穆斯林之间的紧张关系。反过来，又导致恐怖活动增多，使南亚形成了恐怖活动恶性循环的不利态势。①

民族主义是恐怖主义最持久的动因。② 在冷战时期，由于南亚地区深受美、苏两大阵营长期对抗之苦，本地区的民族矛盾处于相对被压抑和遏制的状态，各国的民族矛盾大多数被掩盖起来，长期得不到公正解决。随着冷战的结束，南亚地区的民族矛盾日显突出，民族矛盾的政治性更加明显，直接影响着南亚国家

---

① Alistair Scratton，India：Muslins and A New Anti-terrorism Dfatwa，Reuters，Nov. 10. 2008.

② 朱素梅：“二十世纪的民族主义与恐怖主义”，《世界民族》，2000 年第 3 期。

的政治命运，并发展成为以民族利益为最高目标的狭隘民族主义，民族矛盾上升与党派争斗成为引发该地区更深层次社会动荡的主要原因。南亚地区跨边境的少数民族局势的不稳定，使恐怖主义活动的可能性不断增加。民族分裂主义是民族主义极端化的产物，与暴力恐怖主义有着天然的联系。民族主义成为南亚恐怖主义泛滥的根源之一，也是恐怖主义最强有力和致命的根源之一。在复杂的民族矛盾和民族问题背景下，民族分离主义不仅成为恐怖主义活动的根源，而且成为恐怖主义一个非常重要的特征。据统计，全世界因恐怖袭击死亡为 24614 人，有 11400 人经证实死于与伊斯兰极端民族主义分子有关的袭击事件。①

冷战的结束并没有使冲突停止，相反却产生了基于文化的新认同以及不同文化集团之间冲突的新模式。② 南亚地区各国大多是多民族组成的国家，南亚地区国家是一个处于同一政治实体之内不同民族居住在一起又各自分离的多元化社会。在种族和民族多元化的社会中，由于在政治、经济、宗教和文化等方面的差异和矛盾，从而使这种多元化社会结构长期处于不稳定的状态。其中，跨界民族问题、主体民族与非主体民族问题等一直困扰着各国政府。

以巴基斯坦为例，巴基斯坦是一个多民族的国家。但是，巴基斯坦的民族缺乏凝聚力，③ 俾路支族、信德族、旁遮普族之间

① *India Times*，August 27，2007.

② 塞缪尔·亨廷顿著：《文明的冲突与世界秩序的重建》，新华出版社，1999 年，第 135 页。

③ P. L. Daishi：*Afganistan*：*The Center of Terrorism*，*in International Seminar on International Terrorism and Religions Extermism*，31January-01Febrary，2003，New Delhi，India.

的相互不信任感和西北的普什图族长期的分裂倾向使民族问题成为巴基斯坦政局中潜在的不稳定因素之一，地处西南部的俾路支省是巴基斯坦全国人口最少但面积最大的一个省，当地许多极端民族主义者一直反对巴基斯坦政府开发当地的自然资源，并且强烈反对向该省派驻军队，要求实行高度自治的呼声一浪高过一浪，当地民族分裂主义分子纷纷要求独立。巴基斯坦的政治出现明显的地区化倾向，一个重要特征就是巴基斯坦境内的普什图民族主义与伊斯兰激进主义思想的相互融合。在20世纪70年代末期，由于巴基斯坦军队自行将政变合法化，使得伊斯兰激进主义取得了突破性进展。军界和政界都拒绝与宗教人士分享政权，宗教界不得不从政府体系中退出，其中一些宗教界人士加入了反对派的行列。20世纪90年代的伊斯兰化激进主义取得了广泛、深入的发展，它迎合了人们的精神需求。在真正缺乏一种超越现代文明与真正具有国际性特征的思想体系的时候，伊斯兰激进主义特别引人注意。在全球化以及国家或次国家实体缺乏有效的控制手段的前提下，伊斯兰激进主义更适合充当一种文化——国家主义的变体。[①] 伊斯兰激进主义的存在主要是由于当地社会与经济危机和长期的经济不发达、地区冲突和社会问题所造成的，引发了穆斯林社会的政治分裂与极端主义组织间的仇恨与冲突，进一步加剧了南亚恐怖主义的发展。而位于巴基斯坦与阿富汗边界附近的部落地区是巴基斯坦最贫困的地区，一直处于动荡不安的境地，部落势力强大，巴基斯坦政府在此地区的控制能力十分有

① Beluokelieniciki：*The Evolution and Regional Roles of Islamic Radicals in-Pakistan in International Seminar on International Terrorism and Religions Extermism*，31January—01Febrary，2003，New Delhi，India.

限，武装分子、塔利班、“基地”组织等利用部落地区进行跨境袭击活动，为所欲为，使巴基斯坦和阿富汗深受恐怖主义之害。巴基斯坦伊斯兰极端势力对内进行有组织的教派仇杀，采取暴力和恐怖手段，流血事件接连不断。斯里兰卡境内的泰米尔人与印度的泰米尔人系同根所生，其语言、文化、宗教等各方面联系非常紧密。由于历史的原因以及斯里兰卡政府在民族政策上的失误，使斯里兰卡泰米尔人长期以来要求自治和建立“泰米尔国”的活动最终演变成了一场旷日持久的内战，由于斯里兰卡与泰米尔反叛分子之间的持续冲突使整个国家处于分裂的边缘，而且，印度出于政治原因，对斯里兰卡泰米尔人持同情和支持的态度，在某种程度上使斯里兰卡的局势更为复杂，斯里兰卡泰米尔人组成的“猛虎”解放组织与政府长期交恶，从民族分离主义逐步演变成极端恐怖主义组织，其目的就是要求政治和民族权利以及建国，这样使斯里兰卡成为南亚地区又一动荡之地。斯里兰卡泰米尔组织的恐怖活动也对印度境内的泰米尔少数民族产生了连锁示范效应：印度境内的泰米尔民族分裂主义倾向也日趋严重。

冷战结束以来，原教旨主义不仅在中东地区发展很快，而且，迅速扩大到了整个南亚地区，宗教极端势力活动有所加剧。当前的国际恐怖主义是从激进原教旨主义中获得思想支持的，恐怖分子常把它作为实现自己政治目标的直接策略，也成为所有恐怖主义组织的基础。[①] 原教旨主义并非恐怖主义，原教旨主义的

---

① Aswini K Mohapatra：Radical Islam Ideology behind Global Terrorism，*India Quarterly*，Vol. L VIII. No. 2 April-June 2002. pp. 92—112.

出现也是对西方文化影响和伊斯兰世界世俗化倾向的反弹。[①] 但是，原教旨主义极端化则会演变成滋生恐怖主义的温床，恐怖主义是宗教狂热的伴生物，极端主义分子的恐怖活动逐步显现出具有明确政治目的的事件，极端分子妄图以恐怖手段夺取国家政权，建立完全伊斯兰化的国家。南亚恐怖主义的宗教动机与政治动机混杂在一起，而政治动机往往又掩盖了其宗教的目的。在南亚，以印度教和伊斯兰教为两大主要宗教而分别独立的印度和巴基斯坦，长期以来利用宗教作为民族冲突和政治冲突的工具，由于对恐怖主义的恐惧鼓励了当地政府对伊斯兰教采取敌视的态度，反过来，这些行为又激起了以穆斯林为主体的巴基斯坦的憎恶，从而造成了恐怖主义在南亚的泛滥。在南亚，由于传统宗教问题引起的恐怖活动又促使长期的民族与宗教矛盾更为激化，不同宗教间的冲突成为南亚恐怖主义发展的最主要特征。

巴基斯坦自独立以来建立了以温和著称的伊斯兰国家，宗教势力在国家政治生活中的影响力有限。但从 20 世纪 90 年代以来，伊斯兰激进势力在巴基斯坦迅速扩张，在巴全国开设了近五万所宗教学校，向学生灌输宗教极端主义思想。这些学校仇视印度教、基督教等其他教派的教徒。随着巴基斯坦国内伊斯兰激进势力的不断发展，宗教暴力事件日益增多，宗教极端主义实际已成为巴基斯坦政局不稳的一个重要因素，也是近年来巴基斯坦成为恐怖主义活动高发区的原因之一。巴基斯坦在 21 世纪实际上处于伊斯兰极端主义和宗教暴行的关键期，同时巴基斯坦正成为

---

① 黄晴：《民族主义分析》，载《新世纪初世界大势纵论》（徐敦信主编），世界知识出版社，2005 年，第 175 页。

恐怖主义活动的高发区之一，“基地”组织的据点已遍布巴基斯坦全国，“基地”组织成为当今世界最危险的国际恐怖组织。塔利班是巴基斯坦伊斯兰激进主义的产物，[①] 同时，塔利班又促进了伊斯兰激进主义的发展。塔利班控制下的阿富汗成为南亚和中亚大量激进分裂主义运动和组织活动的温床。巴基斯坦伊斯兰原教旨主义长期支持塔利班，约有八万名巴基斯坦武装分子与塔利班共同战斗，为巴基斯坦境内的塔利班式伊斯兰革命提供了雄厚的原教旨主义武装基础。[②] 冷战结束以来，原教旨主义和民族极端主义交织在一起，使巴基斯坦成为南亚恐怖主义的中心。[③]

在印度和斯里兰卡以及其他一些地方性的或国内的恐怖主义组织，都是宗教极端主义与宗教组织间盲目相互敌对的副产品。在印度，由于印度教不是一个有组织的宗教，而是一个松散的联合体，印度社会依照种姓制度组织起来，一直存在着不平等的因素。而印度境内的穆斯林与印度教徒之间总处于不和的状态，特别是克什米尔地区印度教徒与穆斯林之间的持续紧张，更加强化了彼此的仇恨与对立情绪，成为南亚地区恐怖主义产生的一个来源。恐怖分子的主要目的就是通过制造对立宗教间的不和谐来破坏社会结构。印度各地发生的宗教间暴乱则是其结果之一。斯里兰卡由于境内泰米尔反政府武装长期得不到解决，导致民族和宗教矛盾越积越深，并成为恐怖活动在斯里兰卡频发的导火线。

---

① S. Ganguli: *Conflict Unending. India-Pakistan Tensions since* 1947, N. Y. Columbia University Press,

② 许利平：《亚洲极端势力》，社会科学文献出版社，2007 年第 180 页。

③ 潘志平主编：《中南亚民族宗教冲突》，新疆人民出版社，2002 年，第 293 页。

第二，宗教矛盾日趋激烈成为南亚恐怖主义泛滥的“催化剂”。

随着冷战的结束，世界正朝着多极化方向发展，南亚地区的宗教矛盾日显突出，宗教矛盾的政治性更加明显，直接影响着南亚国家的政治命运，并发展成为以宗教利益为最高目标的极端宗教主义，进而引发该地区更深层次社会动荡的主要原因。民族分裂主义与宗教民族主义成为恐怖主义的主要诱因，恐怖主义利用某些民族矛盾和民众情绪进行恐怖活动的目的，就是为了维护其以极端性和残暴性建立的“权威地位”和左右民众的能力，也显现出恐怖主义势力反人类的极端性本质。①

而印度长期以来，由于不同宗教群体、不同民族与种族之间的冲突，已经成为制约印度经济发展和社会稳定的关键性因素。印度教徒与穆斯林和锡克教之间的冲突，少数民族与主体民族之间的冲突，高种姓与低种姓之间的冲突等等，直接引发了印度社会的冲突。

冷战结束以来，南亚的宗教极端主义对国家安全的影响日趋明显，恐怖主义与宗教极端主义的危险相结合，对南亚地区的安全构成了直接危害。极端宗教主义者力图用恐怖手段夺取国家政权，建立完全伊斯兰化的国家。②

而孟加拉国非法涌入印度东北部地区的难民也使南亚地区极

---

① 郝时远：《民族分裂主义与恐怖主义》，《民族研究》，2002 年第 1 期。

② *Ken Booth and Tim Dunne*（*ed*）：*World in Collision*，p33. Macmillan，London，2002.

端民主主义有所增加。[1]

以斯里兰卡泰米尔反政府组织为例，斯里兰卡猛虎组织拥有广泛的海外支持网络及殷实的商业收入，由于斯里兰卡政党纷争而妨碍了斯政府出台统一有效的应对恐怖活动的政策，长期难以解决猛虎组织的问题。由于孟加拉国与巴基斯坦原属一个国家，因为印度发动的第三次印、巴战争而被肢解，在巴基斯坦兴起的伊斯兰激进主义以及它在印度的对抗力量直接影响了孟加拉国的政治、社会生活，而孟加拉国的政治局面也同样表明宗教狂热正不断高涨。

第三，某些国家在对待恐怖主义问题上坚持“双重标准”，支持和纵容南亚地区的一些恐怖活动。

在世界多极化与经济全球化日益发展的今天，外部因素在南亚恐怖主义蔓延过程中扮演了关键角色。[2] 一国内部的民族矛盾往往成为某些大国利用的借口。国际社会中的某些国家（几个主要大国）为了本国的战略利益，在对待恐怖主义问题上采取了实用主义的“双重标准”，不惜支持和纵容南亚地区的一些恐怖活动，为南亚地区恐怖主义活动的泛滥打下了基础，在一定程度上助长了恐怖活动，使南亚地区某些民族问题更加复杂化，长期得不到公正的解决。“9・11”事件爆发后，国际反恐战争和美国以反恐的名义加大了对南亚地区的战略渗透，从根本上并没有缓和印、巴之间已有的矛盾，反而使两国关系中的克什米尔问题变得

---

① Gurmukh Singh，Border Gets Blurred as Bangladeshise Swamp Assam，*Sunday Times*，Dec. 29，1996.

② Iqbal Ahmed Saradgi&S. K. Sahni，etc.，eds.，*SAARC-The Road Ahead*，New Delhi：Foundation for Peace and Sustainable Development，2007. p289.

更为复杂化。而 2003 年美国在未经联合国安理会授权的情况下发动了伊拉克战争，更使全球民族与宗教矛盾加剧，冲突进一步升级，为国际恐怖主义卷土重来创造了有利的环境与条件。一些恐怖组织和极端势力可能会步美国后尘，发动“先发制人”的恐怖袭击，以实现自己的目标。[①] 伊拉克战争使处于“全球恐怖高危”弧形地带之一的南亚地区的恐怖活动渐趋活跃，为民族和宗教势力以及国际恐怖势力营造出更大的生存与活动空间，并为以暴力实现政治诉求的思潮和活动提供了适宜蔓延的温床。[②]

2001 年爆发的“9·11”事件及其后续发展对南亚地区的安全形势产生了非常严重的影响：南亚地区的两个大国印度和巴基斯坦成为美国在全球反对恐怖主义战略必须考虑的重点，由于巴基斯坦的地缘战略优势，美国极力拉拢巴基斯坦成为美国打击国际恐怖主义势力的前沿国家，巴基斯坦的战略地位重新上升，美、巴之间在反恐怖主义领域加强了合作，巴基斯坦加入到美国领导的国际反恐阵营，巴基斯坦重新成为美国在南亚地区的主要“盟友”。但是，印度则因印、巴之间的微妙关系而在一定程度上一度遭受到了美国的冷落。2001 年 12 月 13 日，印度议会大厦遭到恐怖主义分子的袭击，为印度打击巴基斯坦找到了新借口，利用美国的国际反恐怖主义联盟的机遇，不断向巴基斯坦施压，以达到在战略上孤立与削弱巴基斯坦的目的。在印度的压力和国际社会的促使下，巴基斯坦采取了积极措施打击国内宗教极端主

① 潘光：《伊拉克战争和“恐怖高危”弧形地带的形成》，载《新世纪初世界大势纵论》（徐敦信主编），世界知识出版社，2005 年，第 361 页。

② 姚匡乙：《对伊拉克战后中东地区民族宗教问题的思考》，载《新世纪初世界大势纵论》（徐敦信主编），世界知识出版社，2005 年，第 372—373 页。

义和跨界恐怖主义势力。

同时，印、巴之间的争端成为美国在阿富汗的反恐怖主义战略不得不考虑的重点，反恐战争使美国的安全利益与南亚发生了直接关联，也使美国的全球战略与南亚地区安全之间发生了深刻的互动。[①] 而印、巴两国之间的对抗和在克什米尔问题上的不同立场，印、巴在阿富汗重建问题上利益迥异，克什米尔暴力事件等都凸显了印度自身的反恐怖主义问题，使南亚地区反对恐怖主义活动日益形成为一种错综复杂的态势。

2009 年，奥巴马实行的“阿巴新战略”，大举增兵阿富汗，对巴基斯坦实施跨界打击恐怖主义，引发了极端主义与恐怖组织的强烈反弹，导致南亚地区恐怖袭击活动有增无减。

随着经济全球化的不断深入，南亚地区个别国家由于治理国家的政策失误，在全球化进程中不但没有分享到全球化所带来的好处，反而加深了本国的贫富差距，为恐怖主义活动提供了生成的土壤。“9·11 事件”爆发后，巴基斯坦境内的恐怖分子由于不满政府的反恐政策，制造了一系列恐怖袭击，向政府施加压力。巴基斯坦脆弱的政治环境和腐败使政府无力采取有效措施打击教派主义和恐怖势力，实际上，这种政治环境同时也为恐怖分子提供了生存的空间。另外，现代高新技术发展的同时也为恐怖主义分子开展恐怖活动提供了便利条件，成为恐怖主义活动加剧的外在因素之一，现代高新技术的发展，既便利了恐怖分子获得资金来源，又使得恐怖分子能够获得先进武器装备，更易于使恐

① 张力：“‘9·11’事件后美国反恐战略对南亚安全格局的影响”，《四川大学学报》（哲学社会科学版），2006 年第 6 期。

怖分子达到其制造恐怖、施加压力和其他政治与经济的目的。[①]使人们更加难以防范，从而也提高了恐怖行为的成功率，为其他恐怖分子带来了鼓励的效应。[②] 随着大规模杀伤性武器特别是核、生化武器的扩散，导致恐怖主义分子大肆购买，使恐怖主义分子的恐怖性大为增强。而且，高技术恐怖装备也使政府安全检查的难度大为增加。

## 二、南亚反恐怖主义若干思考

冷战结束以来，南亚国家面临着共同的问题和相似的挑战，都需要消除贫困、饥饿、疾病和愚昧。按联合国相关组织颁布的标准，贫困线以下为每天生活费用不足 1 美元，到 2000 年和 2001 年为止，南亚有 33％和 25％的人口生活在贫困线以下。[③]而且南亚各国都面临着恐怖主义的威胁。由于伊斯兰教激进主义分子与现代化、资本主义、全球化等强大趋势的斗争成为一个不争的事实，这场现代化与传统主义的纷争使得当今世界重新回归到意识形态斗争中去，[④] 恐怖主义与伊斯兰教激进主义等的融

---

① 王逸舟主编：《全球化时代的国际安全》，上海人民出版社，1999 年，第 255 页。

② 潘光：《伊拉克战争和“恐怖高危”弧形地带的形成》，载《新世纪初世界大势纵论》（徐敦信主编），世界知识出版社，2005 年，第 364 页。根据作者的阐述，“全球恐怖高危”弧形地带为：中东—中亚—南亚—东南亚。

③ Iqbal Ahmed Saradgi&S. K. Sahni, etc., eds., *SAARC-The Road Ahead*, New Delhi: Foundation for Peace and Sustainable Development, 2007. p52.

④ Robert Kagen: The World Regression to the Ideology again, *Sunday Times*, September 4, 2007.

合，使南亚地区的民族矛盾日趋紧张，恶化了南亚地区的安全局势，耗费了南亚地区国家大量的人力、物力、财力，也进一步拉大了南亚地区经济发展不平衡的差距。

综上所述，由于南亚地区脆弱的政治、经济环境和腐败现象丛生，导致本地区社会动荡不安、政局不稳。目前，南亚地区各国政府又无法采取切实有效的反恐措施来打击恐怖主义，为恐怖分子提供了生存的空间，且加剧了恐怖主义势力的发展，并对地区内其他国家产生了非常不利的连锁反应。即便个别国家采取了一些反恐措施，但受到整个南亚地区反恐不利态势的影响，整个南亚地区性反恐合作机制尚未形成，政府在反恐方面的应对措施存在着很大的局限性，政府的反恐政策缺乏连续性，且反恐政策针对性不强，到目前为止，南亚国家还没有形成一种有效的整体性反恐策略机制，使南亚反恐面临着一盘散沙的困境。因此，通过对南亚地区反恐政策的反思，南亚地区各国在反恐方面必须解决好不同民族之间的差距问题与各国经济发展问题，应该着重考虑以下几个问题，以控制恐怖主义活动在南亚的进一步蔓延趋势：

第一，在南亚地区建立一种政治互信机制，加强不同宗教间的对话，消除彼此之间的不信任感和仇恨感。

如何对待本地区的宗教问题，成为南亚地区各国的一道难题，关系到南亚地区各国社会发展与地区的稳定，关系到南亚如何遏止本地区内宗教极端主义和恐怖主义势头上升的问题。消除恐怖主义活动根源一个行之有效的长期办法就是：使穆斯林民众从心理上和思想上真正感受到自己就是现代社会的主人，而不是受害者。如何开放穆斯林世界并使之实现现代化，成为南亚地区一个长期的、艰苦的而且是复杂的挑战。毫无疑问，最核心的一点就是使穆斯林社会和民众把国际社会看成是伙伴和朋友，而非敌人。[①] 为了严厉打击恐怖主义，南亚地区的首要任务就是要在该地区内建立政治互信，抛开政治偏见，通过不同宗教间的对话消除彼此的不信任感和对立情绪，及时化解和缓和不同宗教间的矛盾，寻求共处，不同宗教社会成员之间的互动将有利于重新掌握他们的宗教传统美德，更好地理解其起源与连贯性，从而使不同的宗教在南亚地区得以和平发展与传播。南亚各国应积极倡导多元文化和谐发展的理念，积极促进不同文明之间的对话与交流，化解因不同宗教而积累的冲突因素，积极创造本地区内不同宗教文明的相互理解、和谐发展与共同进步的条件。

第二，南亚地区各国应以发展本国经济为主，通过有效政策促进贫困地区的经济发展，消除滋生恐怖主义的经济根源。

恐怖主义活动已经严重影响了南亚地区经济的正常发展，导致许多年轻人加入恐怖组织的原因，已经由过去的种族激情变成了日趋严重的贫困，[②] 由于贫困问题得不到及时解决，致使南亚地区出现了恶性循环，越贫穷落后的地区，恐怖主义组织越活跃。因此，南亚地区各国应积极改善本国偏远地区和部落地区的农村生活水平和生活质量，降低贫困率，缩小贫富差距。并积极持久地着眼于本国各民族社会的多方位改革，不断发展和提高民众的实际利益，营造全面发展的环境。同时，南亚地区各国应加

---

① Zhakaria：Right or Wrong-We Are Losing the War against the Islamic Radicals. *News Weekly*，July 2—9，2007.

② Darini Rajasingham-Senanayake，Dysfunctional Democracy and the Dirty War in Sri Lanka，Asia Pacific Issues.

强对本国政治、经济和文化等领域的宣传，让偏远、落后的地区能够及时了解和知晓中央政府的政策、方针和法律、法规，只有使现代化的光芒照到本国的偏远、落后地区，逐步消灭失业和贫穷这两个恐怖主义产生的因素，才能确保南亚地区的和平与稳定。这是目前减少恐怖主义活动的最直接的手段。

而且，对南亚地区统一的多民族主权国家而言，加强国家主权的权威性，消除民族自决的副作用尤为重要。① 因为，民族自决原则的嬗变与滥用，为民族分裂势力分裂多民族国家提供了有利条件，势必导致多民族国家面临分裂瓦解的局面，将给国际局势的稳定带来灾难性的后果。② 同时，南亚地区应把打击恐怖主义活动纳入国家安全战略层面。反恐活动需要民众自身做好准备，需要民众具有很强的反应能力。要实现这一目标，南亚各国政府就应该主动教育和接触民众，通过不同方式的沟通和治理以及民众最积极的参与来减少公众恐惧的战略，③ 把打击恐怖主义活动作为国家安全战略的重点。例如：1992 年印度在内政部建立了反恐怖行动指挥部，该部负责全国的反恐怖行动。④ 20 世纪 80 年代，印度还专门设立了特种部队，应对国内突发事件。但是，就南亚地区其他国家而言，目前，还没有把反恐怖主义上升到国家战略层面来认识。而且，在如何解决南亚的恐怖主义问题

---

① 中国现代国际关系研究院：《亚太战略场——世界主要力量的发展与角逐》，时事出版社，2002 年，第 484 页。

② 姚匡乙：《对伊拉克战后中东地区民族宗教问题的思考》，载《新世纪初世界大势纵论》（徐敦信主编），世界知识出版社，2005 年，第 378 页。

③ （美）布里安·詹金斯："对美国反恐战略的反思"（张家栋译），《国际观察》，2006 年第 5 期。

④ 王凡：《国际反恐怖写真》，法律出版社，1999 年，第 216 页。

上，印度和巴基斯坦两国存在诸多矛盾，分歧尖锐。印度情报部门指责巴基斯坦的安全部队鼓励极端穆斯林武装分子从阿富汗转移到印、巴之间有争议的克什米尔地区，以逃避美国的打击和搜捕，进而继续从事恐怖活动。但是，印度的这一指责立即遭到了巴方的断然否定。此外，印度要求巴基斯坦引渡穆斯林恐怖分子，也遭到了穆沙拉夫的拒绝。

同时，南亚地区各国在国家治理层面上应减少失误，尽量不出台那些伤及民众切身利益的政策或措施，特别是在涉及民族利益方面，各国政府要慎之又慎，在民主和法制的程序下正确行使政府的权力，建立起良好的管理体制，包括建立监督机构执行反腐败法并打击违法行为，减少和消除腐败，为民众树立廉洁政府的形象。只有这样，才不至于给任何恐怖分子可乘之机。

第三，南亚反恐需要建立一种长期有效的区域合作机制。

恐怖主义组织的跨界合作给整个南亚地区的安全造成了严重的威胁。任何一个国家或个人单方面的努力不能解决这一国际性难题，南亚各国必须在打击恐怖主义行动上共同努力，克服目前的各自为战状态，建立长期有效的地区反恐合作机制，设立专门的反恐工作机构，加强地区各国的沟通与协调行动，运用高新技术手段，联手打击恐怖主义和恐怖组织。在反恐问题上，南亚各国应在情报、信息等方面互相配合，避免每个国家采取不同的反恐政策而贻误战机，争取早日实现南亚地区各国之间的反恐情报资源共享。南亚各国应加大与国际社会合作的力度，加强与俄罗斯、中国、美国等国家的反恐合作，在反恐人员的训练与武器装备、技术保护等领域展开更深层次的合作。同时，在国际社会上制定反恐怖主义的法律制度，为打击恐怖主义提供法律依据，有效控制和根除南亚地区的恐怖主义活动。

2004 年 1 月召开的第 12 届南亚区域合作联盟会议通过的《伊斯兰堡宣言》，明确提出了南盟各成员国在打击恐怖主义领域的合作问题。在此次首脑会议上，根据巴基斯坦总统穆沙拉夫的提议，南亚各国领导人共同签署了打击恐怖主义附加议定书，并同意相互建立并保持情报共享联系，共同打击南亚地区的恐怖主义活动。此举标志着南亚联合打击恐怖主义活动迈出了务实的一步，打击恐怖主义、消灭恐怖主义势力、改善社会发展环境正逐步成为南亚地区各国领导人的共识。

在当今全球化不断深入的国际社会，伊斯兰教激进分子与现代化、资本主义、全球化等强大趋势之间的斗争与日俱增，这场现代化与传统主义的纷争主导着未来国际社会的意识形态斗争。[①] 遏制伊斯兰极端势力的发展与根除恐怖主义符合南亚地区各国的国家利益，遏制和打击伊斯兰极端势力也成为巴基斯坦政府面临的一项长期而艰难的任务。[②]

南亚各国应联手行动改善本地区的安全形势，通过地区内国家的统一行动以及在国际层面和邻近区域展开的密切合作。南亚各国政府应重视加强对反恐斗争的集中领导，把反恐怖斗争列入“国家安全战略的主要目标”之中。而且，南亚各国应通过预防性外交协调和解决反恐问题，建立新型的预防地区冲突发生、应对突发事件的体系，在南亚逐步形成一种在非传统领域中的地区

① Robert Kagen：The World Regression to the Ideology again，Sunday Times，September 4，2007

② 张玉兰：“伊斯兰极端势力：困扰巴基斯坦的梦魇”，《南亚研究》，2004 年第 1 期。

合作机制。"9·11"事件以来，国际恐怖主义与大规模杀伤性武器相结合的危险性陡然增加，尤其是非国家行为体拥有大规模杀伤性武器可能性与现实危险性显著增加，使南亚地区在应对传统安全领域武器扩散问题的同时，又面临着非传统安全领域武器扩散的严峻挑战：加强控制措施来防止恐怖分子获得核武器以及大规模杀伤性武器；南亚地区各国应加大打击毒品走私的力度，切断恐怖主义筹资途径，① 与国际社会展开合作，发挥联合国及其专门机构等在区域内推动反恐活动的作用；强化反洗钱行动，通过立法有效地打击洗钱行为，禁止有利于恐怖分子获得资金的一切交易活动，冻结与恐怖组织有关的资金，扩大打击金融恐怖主义的范围。②

由于恐怖主义存在着跨国威胁的危险，加强南亚地区各国间的合作成为有效打击恐怖主义活动的必要条件。因此，南亚反恐怖主义的地区合作使多边合作更有意义。③ 对恐怖主义和教派极端主义的共同关切促使印度与巴基斯坦对稳定两国关系的必要性有了进一步的共识，从而为缓和南亚地区的紧张局势、通过政治途径解决危机创造了条件。④

---

① Ramtanu Maitra: Afghanistan Today accounts for about 75% of the World's Combined Opium Production, in Afghan Drugs: Gold to the Taliban, EIR Strategic Studies, September 8, 2002. p. 60.

② Lie·Muzhapaluowa: Guarding against and Resist the Financing of Terrorists, in International Seminar on International Terrorism and Religions Extermism, 31January—01Febrary, 2003, New Delhi, India

③ F·Teshabayev: Central Asia and South Asia: New Reality and Regional Co-operation, in International Seminar on International Terrorism and Religions Extermism, 31January—01Febrary, 2003, New Delhi, India

④ 张力："'9·11'事件后美国反恐战略对南亚安全格局的影响"，《四川大学学报》(哲学社会科学版)，2006 年第 6 期。

目前，对世界安全构成最大威胁的是：恐怖主义、核扩散和“失败国家”的蔓延（巴基斯坦被列为全球“失败国家”第九位），而巴基斯坦正处于全部这三种现象的中心，[①] 加上恐怖主义活动加剧以及南亚其他国家内的民族与宗教问题使该地区成为世界上最不稳定的地区之一。同时，南亚地区各国又因在反恐问题上的利益逐步趋于一致，反击恐怖主义又成为该地区紧张局势得以缓和的转折点。因此，南亚地区各国必须在进行必要的军事打击的同时贯彻标本兼治的方针，在政治、经济、文化、社会等方面实行综合治理，在反恐斗争中加强交流与合作，制定共同的地区反恐怖战略，对恐怖分子毫不留情，擒拿首犯，铲除恶源。[②] 特别是在经济上，实施更为严厉的经济制裁，断绝与恐怖组织的经济往来，没收从事恐怖活动的人员的财产，并处以高额罚款。一连串的自杀式恐怖袭击事件使人们认识到：恐怖主义正是南亚所面临的头号问题，南亚各国只有从根本上认清恐怖主义的本质，在南亚地区构筑统一的反恐怖主义阵线，重视国际合作、加强反恐立法、采取严厉打击等措施，消除恐怖主义产生的根源，共享人类文明成果，才能真正有效地控制和根除南亚地区恐怖主义活动，使南亚真正成为一个和平、繁荣与发展的地区。

---

① 戴维·布莱尔：《巴基斯坦：世界上最危险的国家》，《参考消息》，2007年11月10日。

② 王凡：《环球国际大追捕》，法律出版社，1999年，第312页。

# 专题二

# 中亚—南亚地区恐怖组织及其他极端组织现状与发展趋势

# 塔利班的现状浅析

朱永彪[①]

近年来，在安全方面阿富汗展示出的消极信号和积极信号几乎同样多，让人很难对阿富汗的安全局势做一准确的判断。2010年，阿富汗似乎出现了更多的积极信号，先是在伦敦召开阿富汗问题国际会议，之后又接连举行和平支尔格会议、喀布尔会议、第二届议会大选。而于2010年11月在里斯本举行的北约峰会，更是被西方认为具有里程碑式的意义，这次会议通过了框架协议，决定从2011年起北约将在阿富汗分区分批地启动防务移交进程，并在2014年底前由阿富汗安全部队全面接管防务职责，这也被普遍认为美国等西方国家逐步向阿富汗政府移交领导权、安全责任，最终实现“阿人治阿”、“阿富汗化”目标的行动已进入新的阶段。

与此同时，也有诸多信号表明阿富汗的安全局势仍令人担

① 朱永彪，兰州大学中亚研究所讲师、所长助理。主要从事中亚与反恐问题研究。

忧。自美国等西方国家宣布增兵阿富汗后，一段时间内，阿安全局势恶化的趋势在一定程度上得到了短暂的遏制，但自2010年下半年起，塔利班等在度过了一段“不适应期”后，又逐步加强了攻势，阿富汗安全形势也再度呈现出恶化的趋势。联合国秘书长阿富汗副特别代表沃特金斯（Robert Watkins）2月23日表示，目前阿富汗的局势是2001年塔利班被推翻以来最糟糕的时期，他说，阿富汗的安全形势处于塔利班倒台以来的最低点。[①]尽管沃特金斯的言论略显极端，且证据不足，但表明国际社会对阿富汗安全形势的好转抱有极大的疑问。

2011年3月21日，阿富汗正式启动了过渡进程，但过渡注定不是一项简单的任务，在进入过渡的新阶段后，阿富汗面临着多种挑战，其中主要的威胁仍将是以塔利班为主的反叛势力。[②]本文尝试依据有限的资料，对塔利班的现状及走向做一简要分析。

## 一、塔利班的资金来源

塔利班之所以一直没有被消灭，是由多种原因造成的，其中塔利班能获得源源不断的资金，是主要原因之一。

---

① 本文系2010年国家社科基金项目“阿富汗问题的发展趋势及我国对策研究”（项目编号10CGJ012）的阶段性成果。

② 本文中塔利班除特别注明外，均指阿富汗塔利班。另，笔者曾多次呼吁，塔利班不是阿富汗面临的唯一威胁，阿富汗还面临着诸如军阀、其他反叛组织、难民等问题，对这些问题也应予以关注。但不可否认的是，当前塔利班问题是阿富汗安全重建的首要问题。

## （一）毒品与塔利班

历史上，除了个别短暂的特殊时期外，塔利班与毒品的关系非常密切，“塔利班时期曾在其控制范围内从毒品生产中受益，与它对立的北方联盟也是如此”,[①] 塔利班被赶下台之后的阿富汗，毒品仍然是恐怖分子和极端分子获取资金的主要来源之一，塔利班也一直在从毒品经济中获益。除了为种植鸦片提供保护而收取一定的“税收”，塔利班也从毒品的提纯加工、贩运等各个环节获益。如今，阿富汗南部地区的一些普什图部落，仍在利用从毒品中的获利支持塔利班，几乎是完全无视国家法律和中央政府的命令。

尽管塔利班从毒品中获益是人尽皆知的事实，但在塔利班的资金来源中，和毒品有关的资金究竟占有多大比例，以及毒品究竟为塔利班提供了多少资金，直到今天也不为外界所知。美国陆军军官学校反恐中心专家约翰·所罗门曾说，毒品和犯罪活动收入占塔利班资金来源的85％至90％。在资金的具体数额上，“据估计，塔利班通过鸦片、罂粟贸易与海洛因加工，每年从中获取4亿美元的收入”。[②] 联合国也曾估计，塔利班每年从毒品利润中收入超过3亿美元。但也有许多不同的数据，如美国军方估计塔

---

① Vanda Felbab-Brown. “Afghanistan: When Counternarcotics Undermines Counterterrorism”. *The Washington Quarterly*, Autumn 2005. P. 56.

② “US sets up task force to stem flow of foreign funds to Taliban”, http://www.guardian.co.uk/world/2009/jul/28/taliban-foreign-funds-us-holbrooke, 28 July 2009.

利班一年的毒品收入为7000万美元。[①] 可见，关于塔利班从毒品中的获益，外界并没有确切的情报，对评估塔利班的实力造成了困难。

尽管不能确切评估毒品为塔利班提供了多少资金，但可以从阿富汗的毒品经济规模中窥见一斑。目前阿富汗种植鸦片的省份为14个，实现了零种植的省份为20个，但98%的鸦片集中在南部和西部的9个省份，其中赫尔曼德省就占53%。[②] 这几个省是阿富汗毒品的重灾区，也是阿富汗安全状况最为糟糕的省份，同时也大多是塔利班最为活跃的地区。

2010年阿富汗的毒品产量由于多种原因有所减少，但在2010年，干鸦片在收获季节的平均农场交货价为每公斤169美元，与2009年的每公斤64美元相比上涨了164%。联合国毒品与犯罪问题办公室2010年9月发布的报告说，阿富汗罂粟种植者当年收入预计为6.04亿美元。但2010年阿富汗境内毒品的大幅涨价并没有导致在邻国出现类似的价格上涨，出口价格仍保持相对稳定。2010年阿富汗出口的鸦片和海洛因总量有所减少，总值为14亿美元，与2009年的29亿美元相比减少了50%以上，所以，鸦片经济为阿富汗犯罪团伙提供的资金在2010年减少了一半，[③] 也在一定程度上影响了塔利班在2010年的收入。

除了国内消费的少量毒品，加上囤积的部分，各级鸦片贩

---

① “塔利班资源从何而来?”，新华网：http：//news. xinhuanet. com/world/2009—09/28/content _ 12119208 _ 1. htm，2009年9月28日。

② UNODC. *Afghanistan Opium Survey* 2010. December 2010，P. 9.

③ Report of the Secretary-General，*The situation in Afghanistan and its implications for international peace and security*，9 March 2011，P. 15.

子、犯罪集团在2010年从毒品中的获益大致在10亿美元左右，由于塔利班不直接或很少直接参与鸦片交易，只是收取税收和保护费，所以其得到的份额大致在10%-20%之间，因此塔利班在2010年从毒品中的获益大致在1-2亿美元之间。

塔利班允许农民种植鸦片，除了因为自己可以从中获益外，还有其政治目的：害怕禁止农民种植鸦片会引起他们的敌对情绪从而减少对塔利班的政治支持；塔利班为获得部落势力的支持，甚至将鸦片种植作为诱饵，因为毒品和毒品文化已经扎根于部落势力仍然占压倒性优势的阿富汗社会。[①] 可以看出，塔利班的这种态度与做法，与美军及阿富汗政府等对待阿富汗毒品问题的态度与做法几乎如出一辙，美军和阿富汗政府出于反恐的需要，尤其是为了获得部落势力的支持，也对部落区的鸦片种植采取睁一只眼闭一只眼，甚至是纵容的态度。

无论如何，毒品为塔利班提供的资金都不是一个小数目，如果不解决毒品问题，是很难彻底切断塔利班的资金链的。

### （二）其他资金来源

除了从毒品中获利外，海外捐款等也是塔利班获得资金的重要渠道，甚至有分析认为塔利班获得的海外捐款已经超过了自毒品中的获利。

据认为，每年都有数亿美元资金流向塔利班，主要来源于海

---

① Ahmed Rashid. *Taliban*: *Islam*, *Oil and the New Great Game in Central Asia*. London: I. B. Tauris Publishers, 2000, P. 118.

湾地区的阿拉伯国家。维基解密公布的美国外交电报称，塔利班和“基地”等恐怖组织最大的资金来自一些与美国相交甚好的阿拉伯国家。

奥巴马的前阿富汗与巴基斯坦特使霍尔布鲁克在2009年曾表示，塔利班大部分的受援资金来源于其海外的支持者，包括在西欧的支持者。这些海外资金超过了塔利班通过鸦片与海洛因贸易所获得的收入。他说，塔利班是“来自阿富汗以外庞大资金”的受益人。①

但关于海外捐款的数量，也没有确切的数据。美国中情局曾估计塔利班2008年从阿富汗以外地区获得的捐款为1.06亿美元。②

还有一个显著的事实是，塔利班的资金来源渠道日趋多元化。除了毒品和海外捐款，塔利班还通过勒索敲诈平民、走私者、本国和外国商人来获取钱财，此外，通过绑架人质获取赎金也成为它日渐常用的手段之一。

塔利班还通过其他特殊的方式筹集资金，如“在法拉省，地方官员曾报告说塔利班获得了国家团结计划资金中的40%，该项计划在过去6年内向阿富汗提供了数亿美元资金”。③ 目前阿富汗政府执行的招安行动，也为塔利班提供了机会，有人怀疑一些

① “US sets up task force to stem flow of foreign funds to Taliban”，http：//www. guardian. co. uk/world/2009/jul/28/taliban-foreign-funds-us-holbrooke，28 July 2009.

② “塔利班资源从何而来?”，新华网：http：//news. xinhuanet. com/world/2009—09/28/content _ 12119208 _ 1. htm，2009年9月28日。

③ “Funding the Afghan Taliban”，http：//www. globalpost. com/dispatch/taliban/funding-the-taliban? page=0，0，August7，2009.

塔利班分子通过假招安从政府获得了援助。

所以，笔者的估计是，塔利班每年至少可以通过各种途径获得2亿美元，多则可以获取6－8亿美元，很显然，这是一笔巨额的资金，能够维持塔利班以较高的效率运转。

2009年，美国政府成立了一个专门调查塔利班资金来源与转运信息的调查小组，试图弄清塔利班是如何获取、转移资金的，以便设法切断它的资金链。但是从其执行情况来看，尽管采取的一些措施发挥了作用，对塔利班筹措、转移资金施加了影响，如美国通过加紧对沙特等国家流向阿富汗的资金的监控等措施，使塔利班获得的海外援助减少了。但想要彻底切断塔利班的资金链，几乎是不可能完成的任务。而不能阻止塔利班持续的获取资金援助，显然是很难彻底打垮它的。

## 二、塔利班的兵力

自2001年以来，塔利班的兵力一直遭受着损失，近年来，塔利班的减员和损失越发严重。首先，一些塔利班的关键人物被打死，如年初北约发布声明称，在一次空袭中炸死了塔利班在阿富汗南部楠格哈尔省席斯阿拉克地区的“影子”头目莫拉维·安瓦尔（Maulawi Anwar），还在洛加尔省打死了一名塔利班关键人物阿卜杜尔·巴里（Abdul Bari），据称是他帮助塔利班领导人获得武器和车辆。[1]

其次，阿富汗的和平与重返社会方案等开始发挥积极影响。包括塔利班在内的一些武装组织开始越来越多地与政府接触，表示愿意解除武装，重返社会。“据阿富汗和平与重返社会方案联合秘书处称，在各省份，特别是巴德吉斯、法利亚布、赫拉特和昆都士，已有 800 人向当局自称是战士，寻求和解及重返社会”[2]。根据联合秘书处的资料，截止 2011 年 3 月，共有 960 人参加了和平进程。[3] 2012 年以来，被招安的塔利班分子数量要明显多于往年，且不仅分布在阿富汗北部地区，也分布在南部地区，如塔利班的发源地与传统上的活跃地区——坎大哈地区。2012 年 4 月 6 日，高级和平委员会秘书、卡尔扎伊的顾问斯塔内克扎伊（Mohammad Massoom Stanekzai）称，自政府去年加紧“招安”努力以来，已有超过 2000 名塔利班武装人员放下武器，加入了和平进程。[4] 这一数字虽与联合国的统计有较大差异，但有迹象表明近期塔利班分子参与和平进程的速度确实在加快，如 2012 年 4 月 16 日，拉赫曼省塔利班的一名著名指挥官萨马舍尔·汗（Shamsher Khan）向政府投降，参加了和平进程。[5] 几乎在同时，在指挥官阿泽姆（Azeem）的带领下，萨尔普勒省

① “Two Taliban leaders killed in east Afghanistan: NATO”, http://www.zeenews.com/news682828.html, January 24, 2011.

② Report of the Secretary-General, *The situation in Afghanistan and its implications for international peace and security*, 10 December 2010, P. 6.

③ Report of the Secretary-General, *The situation in Afghanistan and its implications for international peace and security*, 9 March 2011, P. 5.

④ “Top Afghan Official Confirms Talks With the Taliban”, The New York Times, April 6, 2011.

⑤ “Opposition Group Joins Peace In Laghman”, http://bakhtarnews.com.af/en/index.php? news=4847.

的150名塔利班分子也加入了和平进程。[①] 近期在萨尔普勒省，还出现过为了加入和平进程，不同的塔利班武装派别发生激战的情况。[②] 此外，经常有报道塔利班因为各种原因而火并，并造成人员伤亡。[③]

当然，有人质疑这些人是否都是真正的战士或塔利班，因为他们被怀疑是为了获取政府奖励的其他人员。据报道，其中有些人确实不隶属于任何主要的反叛组织。

尽管遭受人员减损，但塔利班通过多种途径补充兵员，其主要方式有，通过提供丰厚的资金招募新人，通过劫狱等途径回笼战斗人员，补充跨界战士，吸引因各种原因对西方和阿富汗政府失望的青年人加入塔利班，如吸引那些在美军空袭中遇难者的亲属加入塔利班。

阿富汗的失业率达40%左右，大多数人的日均消费不足1美元，恩格尔系数超过70%，处于绝对贫困状态。普通人的月收入为100美元左右，即使是懂得多种语言的管理型人才，月薪也仅为500美元左右，所以塔利班提供的300－500美元左右的"月薪"，是有着比较大的竞争力的。但有很多迹象表明，大部分人加入塔利班并不是为了钱（半职业的塔利班除外），更多的是因为政府的腐败、为了复仇等。在普什图族的传统里，复仇关系到家庭、家族、部落的荣耀，因此对塔利班招募新人非常有利，

---

① "150 Taliban Member Group Join Peace Process In Sar-i-Pul"，http：//bakhtarnews. com. af/en/index. php? news=4840

② "Clash Between Two Armed Group Is Continuing In Sar-i-Pul"，http：//bakhtarnews. com. af/en/index. php? news=4794

③ "Clash Between Taliban In Kapisa"，http：//bakhtarnews. com. af/en/index. php? news=4600

这也为那些寻求报复美军等在各种军事行动中误杀了他们亲人的年轻人提供了机会。此外，对于一些年轻人来说，加入塔利班意味着他们可以获得一定的社会地位，这是阿富汗目前不能为年轻人提供的机会。

此外，塔利班也一直没有停止招募和使用儿童发动袭击。在阿富汗，一些反叛组织一直在招募儿童，甚至跨境从巴基斯坦招募儿童，随后利用他们在阿富汗开展军事行动，其中塔利班曾多次被指责招募儿童，阿安全力量及联军也曾逮捕过被塔利班利用的儿童。在联合国儿童与武装冲突问题工作组 2009 年《关于阿富汗境内儿童与武装冲突问题的结论》的报告中，“工作组成员强烈谴责一些武装团体，特别是塔利班，训练和使用儿童进行恐怖行动，并强烈谴责他们对儿童的侵害和虐待”。[①]

总之，尽管一直遭受着打击，但塔利班依然具有较强的再生能力，这也使其很难在短期内被肃清。但是，媒体一直倾向于将所有发生在阿富汗的袭击活动都归结为塔利班所为，但事实并非这么简单。2010 年 8 月初，在巴达赫尚省南部，一个人道主义非政府组织的 10 名成员在完成医疗任务返回途中被杀。事后塔利班和希克马蒂亚尔的伊斯兰党都声称对此次攻击负责，但真正的凶手至今身份未明。事实上，在阿富汗，反叛势力包括形形色色的武装，塔利班只是其中的一支，如赫尔曼德省的一位安全官员估计，意识形态上的塔利班只占反叛分子的 20%。[②]

---

① Working Group on Children and Armed Conflict. Conclusions on children and armed conflict in Afghanistan，13 July 2009，P. 1.

② International Crisis Group. Countering Afghanistan's Insurgency：No Quick Fixes，Report No. 123，November 2，2006，P. 8.

其他反叛组织和势力主要包括哈卡尼网络（Haqqani Network）、伊斯兰党（Hezb-i-Islami）、萨拉菲亚派召唤圣行协会（Jamat Sunat al-Dawa Salafia）和托拉—博拉阵线（Tora Bora Front）等。对于一些组织和派别来说，它们或许无心于权力斗争和意识形态，混乱的局势才对他们最为有利，如各种鸦片贩子。当然，塔利班仍然是其中影响力最大的反叛组织。

但是，目前没有关于塔利班兵力的确切数据。据联合国估计，截至 2010 年 3 月，"约有 25000 至 36000 名塔利班武装分子在阿富汗活动"。[①] 美国也曾估计塔利班大约有 25000 人的队伍。但是这个数字是值得怀疑的，因为现在的塔利班很难说是一支统一的武装部队，它更像是，或者越来越像是一支各种力量的集合，在战斗发生时，塔利班能通过各种手段聚集兵力，包括从巴基斯坦招募人员，或寻求其他组织的支援。而在平时，只有少量的塔利班是核心，或者说是真正的塔利班。

## 三、塔利班的战术与策略

近年来，塔利班的战术和策略有了进一步的变化，主要是恐怖化趋势进一步加强。

---

① Report of the Secretary-General on children and armed conflict in Afghanistan, 3 February 2011, P. 4.

## (一) 袭击手段进一步恐怖化

随着国际安全援助部队及阿富汗安全部队人数的增多、能力的增强，塔利班也在不断调整自己的应对策略。为了保存实力，塔利班通常避免与人数较多的部队直接对抗，他们针对地盘损失的反应多是采取恐吓、威胁当地居民的做法。如一位阿富汗村民曾对波士顿环球报记者说，他们只有帮助塔利班而别无他法。“他们5人，10人或者20人一伙儿地出没，其中有本地人，也有说着乌尔都语及阿拉伯语的人……他们要求我们拿出食物，而我们不能拒绝，因为你不能同持枪者理论。”① 如今，塔利班似乎越来越多地采取威胁的手段要求村民与部落长老与他们合作，由此也遭到了越来越多的来自底层的自发抵抗。

塔利班的进一步恐怖化还表现在，塔利班开始越来越多地采用不对称战术和“组合式袭击”，包括使用混合简易爆炸装置、火箭弹，以及迫击炮袭击，此类袭击在数量和强度上都在持续上升。根据联合国驻阿富汗援助团提供的资料，2009年发生的涉及简易爆炸装置的事件比2008年增加了56.8%，2010年第一季度与2009年同期相比又增加了94%。2010年上半年，由武装反对团体发起的简易爆炸装置和自杀性袭击所造成的儿童死亡率与2009年同期相比增长了155%。② 此外，主要由于阿富汗安全力量对简易爆炸装置的探测率提高了，塔利班开始更多地采用自杀

---

① Declan Walsh. “Afghan Civilians Accuse U. S. Led Soldiers of Abuse” Boston Globe (June 25，2006)．

② Report of the Secretary-General on children and armed conflict

式袭击。“2009 年，自杀袭击平均每周为 2.6 起。而截至 2010 年年底，此类袭击平均每周为 2.8 起。”①

塔利班还开始采取更多的暗杀手段，如对一些部落长老、政府官员，甚至是普通村民采取了报复性的暗杀等，制造了恐怖气氛。

塔利班还试图伺机混入阿富汗安全力量中。今年已经发生了多起阿富汗士兵或警察发动的针对安全力量的自杀式袭击案，包括阿富汗国防部等，都成为了袭击目标。塔利班均声称这些事件是其成员所为，这虽有宣传战和心理战的意味，但也有不少证据显示塔利班确实在采取这类行动。

此外，塔利班等继续在主要城市和 1 号高速公路进行高调袭击，虽然次数不多，但是相对稳定，而且出于媒体效果的考虑，往往以喀布尔市区为重点。

## （二）增加了对平民的袭击

自 2007 年以来，一共有近 9000 名阿富汗平民死于武装冲突。2010 年阿富汗共有 7120 名平民因冲突而伤亡（2777 人死亡，4343 人受伤），据统计，其中 5446 名平民的伤亡（占总数的 76%）同反叛势力有关，亲政府部队则造成 840 名平民伤亡（占总数的 12%），其余 12%的伤亡原因不明。据联合国的报告，与 2009 年同期相比，2010 年被反政府力量所暗杀和处决的平民人数激增了 107%以上。

---

① Report of the Secretary-General, The situation in Afghanistan and its implications for international peace and security, 9 March 2011, P. 2.

平民伤亡绝大多数发生在南部和东南部地区，平民伤亡人数总体上升的原因是，反叛势力更多地使用简易爆炸装置和定点暗杀，以及武装行动、尤其在南部各省的武装行动的增加。针对亲政府部队的车队、建筑和人员的自杀式袭击也造成许多平民伤亡。反政府分子还针对平民大量聚集的地点发动自杀式袭击，例如 2012 年 1 月 28 日对喀布尔超级市场的袭击。

# 当前中亚地区宗教极端势力活动的主要特点、趋势及影响

杨 倩①

2010年以来，趁中亚地区部分国家政局不稳、伊斯兰思潮兴起和西亚北非局势中伊斯兰极端势力得势的刺激和影响，“乌兹别克斯坦伊斯兰运动”、“伊扎布特”、“东突厥斯坦伊斯兰运动”、“伊斯兰圣战联盟”等中亚地区宗教极端势力活动趋于活跃。他们加大对中亚国家政局的参与，加快从阿富汗、巴基斯坦向中亚地区的回流，尝试在边境地区和偏远山区建立新的恐怖训练营地，加强宗教极端思想宣传，多次制造针对中亚军警机构的暴力恐怖袭击行动。中亚地区宗教极端势力活动的日趋活跃，将对该地区的安全形势产生较大负面影响。

---

① 杨倩，甘肃省国际友好联络会国际问题研究中心副研究员。

# 一、当前中亚地区宗教极端势力的主要活动特点和趋势

## （一）利用政局动荡和社会危机加强向政坛渗透，搅乱政局、谋求获取政治红利是中亚地区宗教极端势力当前最突出的特点，也代表其下一步重要的发展趋势

中亚地区宗教极端势力政治目标明确，以建立政教合一的伊斯兰哈里发国家作为最高政治目标。为达此目的，1992 年塔吉克斯坦联合反对派武装与地区宗教极端势力相互勾结与政府军对抗，使塔陷入 4 年多的内战，造成巨大损失。2005 年吉尔吉斯斯坦颜色革命之后，中亚国家政权建设进入一个新的不稳定期，再次给了宗教极端势力参与政治的可乘之机。

一是作为单独的政治势力参与国家政治进程，如推选自己的代表参与选举、向基层政权渗透，多采用秘密方式。目前，伊扎布特在塔吉克斯坦地方政权中寻找代理人取得一定成果，伊扎布特组织成员直接渗入县、乡级政府，州级政府开始有其利益代言人。

二是与反对派勾结，与现政权对抗，搅乱政局。“乌伊运”的形成最早就是由一批对乌兹别克斯坦卡里莫夫政权不满的反对派力量组成的。当前，塔吉克斯坦反对派与宗教极端势力的勾结也日趋紧密，共同挑战现政权。因对国家管理不善、经济困难、

腐败滋生不满意现政权社会群体、或出于个人争夺权利的考虑，均有可能或直接加入宗教极端势力阵营，或实现与宗教极端势力的勾结。如吉 2010 年 6 月民族流血冲突据称是由“乌伊运”和“伊斯兰圣战联盟”直接参与策划的。在吉 10 月的议会选举过程中，一些政治党派、社会团体为扩大影响、赢得选举，也在不顾一切地争取伊斯兰宗教极端势力的支持；宗教极端势力也趁机利用社会热点问题、经济民生困境攻击政府，煽风点火，矮化政府权威，扩大自身影响。

以上情况说明，中亚地区宗教极端势力活动方式可能正在经历一种调整和转变，意图利用政局变化和社会危机提供的机会，实现从秘密到公开，从正常合法登记到发展壮大，从进入政权到改造政权，最终达到建立哈里发国家的远期目标。而目前中亚地区政权建设的不稳定，也为宗教极端势力进一步向政坛渗透提供了更多机会。尤其是西亚北非乱局严重刺激中亚地区宗教极端势力。他们可能借鉴西亚北非伊斯兰激进势力实现合法化、政党化的经验，加大利用政局动荡谋取利益或直接搅乱政局从中牟利。

### （二）利用中亚国家社会伊斯兰化思潮再次趋强加大极端思想宣传渗透

近年来受多种国际和地区因素的刺激和影响，中亚国家正在经历新一轮的社会伊斯兰复兴思潮：一是宗教建筑数量猛增。吉境内现有清真寺 2500 座，2008 年以后增长了 64%。塔境内有清真寺 3500 多座，2010 年仅前 9 个月就新修了 364 座。二是民生困难使民众宗教情绪进一步上升。金融危机后，中亚国家经济衰退，民众生活困难，穆斯林群众对宗教的寄托进一步加深。连世俗化较强的哈萨克斯坦也正在经历一股伊斯兰化浪潮。民众按伊斯兰教规定穿戴打扮、蓄胡须、阅读宗教书籍、到清真寺做礼拜等现象越来越普遍，互联网论坛上关于伊斯兰教的讨论也有所增多。中亚地区宗教极端势力正在利用这种伊斯兰思潮的复兴，加大极端宗教思想的宣传，蒙蔽、欺骗更多的人。当前，中亚地区宗教极端势力加强思想宣传的主要做法是：

一是虚假宣传欺骗拉拢普通教众。吉尔吉斯斯坦奥什州逊尼派宗教领袖卡雷科夫哈吉，称伊扎布特将招募的对象转到信仰传统伊斯兰教派的教徒。目前在吉境内加入伊扎布特越来越公开化，截止 2010 年 9 月，在吉强力部门登记在案的伊扎布特组织成员有 1700 名，而实际人数约有二万人，认同其思想和主张的民众则达到了创纪录的 10 万人。地区宗教极端势力利用年轻人对传统教派知识比较缺乏、政治辨别力差的特点，打着传统教派的幌子，大力传播瓦哈比主义，在传统伊斯兰教徒中招募、培训极端分子，很多人受到蛊惑而走上极端主义的歧途；有的人在监狱中受到极端伊斯兰主义思想洗脑，出狱后已成为彻头彻尾的恐怖分子。塔宗教极端势力以清真寺为依托，以社会失业等闲散人员为渗透对象，不断引诱拉拢人员，壮大力量。年初，塔库尔干秋别市逮捕了 1 名清真寺主持，因为其经常向来做礼拜的穆斯林群众宣扬宗教极端思想，并拉拢 18 名青少年组建了一个宗教极端团伙。

二是加强网络宣传。塔吉克斯坦家庭教经、地下教经、秘密教经等非法教经现象较为普遍，正在成为极端思想扩散和传播的重要途径。塔 2010 年 5 月开始整治非法的家庭教经学校；8 月塔总统要求护法机关加强对清真寺活动的监督和管理，坚决制止极端思想的传播和发展，并要求相关部门颁布法律禁止官员送子女到中东学习。另外，重视和扩大网络等新兴媒体宣传力度也正在成为地区宗教极端势力进行思想宣传的重要渠道。2008年“伊斯兰圣战联盟”曾将关于该组织军事训练和在阿富汗作战的视频放在了一个土耳其语网站上。盘踞阿巴边境的“东伊运”恐怖组织，2010年先后发布各类“圣战”视频44次，较2009年明显增加。集体安全条约组织经长期跟踪调查，在互联网上发现了鼓吹民族和宗教仇恨的极端主义和恐怖主义性质的网站二千多个。今年2月，独联体成员国反恐中心领导人召开会议，各国反恐代表均指出，计算机网络空间已成为宣扬极端主义思想、煽动暴力和招募恐怖分子的主要场所。

三是大力鼓吹圣战。利用中亚地区突发事件频繁大力鼓吹圣战。2010年6月吉乌民族流血冲突事件中，“乌伊运”新任首领乌斯曼·阿迪尔称“这是异教徒政府对穆斯林的一次阴谋”，号召伊斯兰教徒进行“圣战”。

### （三）宗教极端势力组织体系在高压严打下完成重组，战斗力和再生能力增强

中亚国家对宗教极端势力保持高度警惕和严厉的打压措施。尽管如此，中亚地区的宗教极端势力仍然利用一切有利时机，发展完善组织。

伊扎布特发展势头迅猛。“伊扎布特”主要在费尔干纳盆地的纳曼干和安集延活动。其通过大批神职人员向当地无业青年传

播宗教思想，发展新成员，建立基层组织。近期，吉境内伊扎布特利用吉政局不稳和民众对当局的不满情绪，加紧招募组织成员，活动方式从地下转为公开，活动区域由吉南部卡拉苏、奥什、贾拉拉巴德向比什凯克等北部地区蔓延。

“乌伊运”完成领导层更迭，加强与基地组织及塔利班的协作。“乌伊运”是中亚地区最具威胁的恐怖组织。2010 年 8 月，该组织在承认其前任领导人尤尔达舍夫 2009 年 8 月死于巴基斯坦的同时，推选出新领导人乌斯曼·阿迪尔。9 月 3 日塔苦盏市汽车炸弹袭击事件被认为是阿迪尔上任后的首次恐怖袭击，意在宣示“乌伊运”的存在和暴露塔政府在打击恐怖主义方面的无能。为进一步获取塔利班支持，拓展自身生存空间，从 2010 年下半年开始，“乌伊运”明显加大针对驻阿联军的袭击力度。目前，在阿境内的“乌伊运”武装分子约有三百人，虽然人数较以往大幅减少，但由于得到了来自沙特和乌兹别克斯坦的海外资金支持，该组织已重新开始招募人员，扩充队伍。去年以来中亚地区发生的多起恐怖袭击背后都有“乌伊运”的影子。

“东伊运”完成内部整合并加大向我境内渗透。2010 年初该组织推举阿不都许库尔·努尔买买提为新头目。为壮大队伍，该组织在境外派遣人员入境的同时，还在境内选拔一些人员，派往境外参与恐怖活动，呈现出双向人员流通的特点。此外，“东伊运”在加强向境内渗透、通过互联网等手段招募人员、在境内散发传单和宣传物的同时，将恐怖活动有向内陆省份渗透的趋势，河南、山西等地发现恐怖分子的行迹。外逃路线也由以往由新疆地区出境转向西南等地区。

中亚地区宗教极端势力完善组织建设体系有三方面结果：一

是战斗力有所增强。2010 年 9 月“乌伊运”与塔反对派武装力量联合，与塔政府军进行了围剿和反围剿的斗争，甚至公然公开袭击塔政府军车队，造成政府军官兵严重伤亡，著名的塔阿尔法特种部队也遭到重创。在去年 11 月份吉当局在比什凯克市和奥什州开展的针对地下恐怖组织的专项行动中，与“乌伊运”有联系的武装团伙与吉特种部队进行了直接战斗。二是再生能力增强。自阿富汗战争爆发以来，关于中亚地区宗教极端势力头目被击毙的消息频繁见诸报端。如“东伊运”头目艾山·买合苏木、阿不都勒·哈克和军事指挥官艾布·阿布都热合曼、“乌伊运”头目尤尔达舍夫；“伊斯兰圣战联盟”头目纳日米京·扎洛洛夫（别名亚赫约或艾赫麦德）均先后被击毙或炸死。但此后各组织均相继推举出新头目并继续实施暴力恐怖活动，组织打而不散，难以彻底消灭、根除，且死灰复燃速度很快，说明这些势力具有内部重建体系，再生能力不可小觑。三是更极端的新组织出现。由于对组织发展战略和目标的分歧，2002 年“乌伊运”内部产生了分裂，由纳日米京·扎洛洛夫建立了“伊斯兰圣战联盟”。该组织强调应把极端势力的“圣战”活动扩散到整个中亚地区，继而是西方国家，不认同“乌伊运”仅反对卡里莫夫政权的主张。2004 年该组织在乌境内制造数起恐怖袭击事件，2007 年开始在阿活跃，与塔利班和基地组织建立密切合作关系。该组织出现有两个标志性意义：一是因指导思想、战略目标、方式手段的不同，中亚地区将出现更极端、更暴力恐怖的组织。如“伊斯兰圣战联盟”正是中亚地区首先使用自杀式袭击方式的势力。二是“伊斯兰圣战联盟”曾成功招募在德国的土耳其人，这一点引起基地组织的关注，将其视为重要的合作伙伴，表明基地组织正在着手把自己从一个阿拉伯人占多数的组织变成世界性的、包括巴基斯坦人、库尔德人和越来越多的欧洲穆斯林的组织，这将给世界各国带来更多安全威胁。

### （四）暴恐活动仍是中亚地区宗教极端势力主要的活动方式，目标性、政治性、危害性更强

2010 年 5 月以来，中亚地区宗教极端势力在中亚国家制造了数起暴力恐怖活动，造成重大人员伤亡和财产损失。但有别于其他地区宗教极端势力的恐怖活动特点，如基地组织针对西方国家恐怖活动的扁平化、“微恐怖主义”、“千刀割战略”、松散多中心、各自为战等，中亚地区宗教极端势力的恐怖主义活动方式仍较传统。但由于其组织体系不断完善，其实施的暴力恐怖活动组织更加严密、得手机率更高、突发性更强、危害性更大。同时，军、警、安全部门等强力机构成为袭击的主要目标，甚至开始直接与成建制的武装部队对峙。2010 年 9 月塔吉克斯坦东部拉什德山区塔政府军进行清剿行动中，遭到武装反对派与地区宗教极端势力的强有力回击，造成塔政府军的重大伤亡。11 月，一批与“乌伊运”有联系的武装团伙在吉南部奥什市也与吉特种部队发生了激战。2011 年 5 月 17 日和 24 日，哈萨克斯坦的阿克秋别市和阿斯塔纳市分别发生汽车炸弹事件。

对于暴力恐怖活动的再趋活跃，我国内媒体评价分析认为这是“恐怖组织企图在中亚地区发起新一轮破坏活动”，“中亚面临‘三股势力’严峻挑战”；俄专家认为中亚地区伊斯兰极端派别活动日益猖獗，有可能挑起新的武装冲突；哈方认为“2011 年春

夏预计恐怖活动将进入新的活跃期”，危险首先来自分布在阿巴边境的部落地区，接受训练和准备自杀炸弹的“东伊运”、“伊斯兰圣战联盟”和其他极端民族主义组织。5月2日，美宣布击毙本·拉登之后，美国务院向本国公民发出警告，“乌兹别克斯坦国内有发生恐怖主义内乱的危险”，“美国政府不断收到消息显示恐怖分子策划在乌发动破坏美国利益的袭击”，由于乌采取严密的安全保护措施，可能会导致恐怖分子去寻找更容易攻击的目标，包括住宅、俱乐部、酒店、宗教圣地、学校和饭店。

## （五）拉登被击毙和美宣布撤军计划将减轻宗教极端势力军事压力，获取更多活动空间

阿富汗始终是中亚地区宗教极端势力发展活跃的主要外部影响因素，阿富汗塔利班和基地组织的支持也是中亚地区宗教极端势力发展壮大的外部有利条件。20世纪70年代，苏阿战争中的阿富汗老战士回到中亚给中亚带来了伊斯兰激进思想，成为现在的宗教极端势力发展的思想基础。90年代至21世纪初，中亚地区极端宗教势力的发展壮大也得到了阿富汗塔利班和基地组织的大力支持，包括资金支持、人员培训、人员补充等，如中亚地区很多恐怖分子或极端主义分子均出自基地或塔利班的训练营地等。当中亚国家不断加大打击力度时，“乌伊运”、“东伊运”等均在动荡不定的阿富汗找到了容身之所。2001年美对阿采取军事行动，使阿境内的塔利班和基地组织和受其庇护、共同转战在巴阿战场的“乌伊运”、“东伊运”等中亚伊斯兰宗教势力均感受到了强大的压力，面临共同的威胁，二者通过更密切的合作对抗

美军的严厉打击，成为战场上的难兄难弟。同时，“乌伊运”也遵循基地组织的战斗目标，在坚持以往反对乌等中亚国家世俗制度的基础上，共同与巴安全部队作战。

在驻阿联军及阿、巴政府军的强力清剿下，2009 年底开始大约有 70—150 名“乌伊运”和塔利班武装分子从阿进入塔，计划在塔阿边境扩大活动区域，并建立自己的基地。2010 年 4 月吉政局动荡后，为保存实力，“东伊运”借机将力量秘密向中亚地区转移渗透。据掌握目前已在费尔干纳盆地建立 3 个训练营地。2011 年 4 月，塔边防军在塔阿边境舒拉阿巴德方向执勤时与十余名企图偷越边境的武装分子相遇，双方发生交火，武装分子被塔边防军击退。据掌握，2011 年以来，塔阿边境地区先后发生 6 起武装分子袭击事件，表明阿境内可能正在形成一批新的武装组织并计划向中亚地区渗透。

随着美宣布从阿富汗撤军计划，阿富汗未来形势发展不确定性增强，其对中亚地区宗教极端势力的影响也在增加。目前美军已做好 2011 年 7 月开始从阿富汗撤军的准备。尽管美不愿放弃用流血牺牲换来的战略和地缘政治利益，但未来如美不能承担战争消耗和国内反战声浪撤出阿富汗，将给阿富汗和周边中亚地区安全带来负面影响。不但阿本身可能重新陷入内战深渊，届时，中南亚地区的恐怖和宗教极端势力必定大受鼓舞，士气大振而重新活跃起来。

## 二、地区宗教极端势力活跃的主要影响

以上特点表明，中亚地区宗教极端势力活动有进一步活跃的趋势，可能对地区安全形势造成以下几方面影响：

### （一）对地区国家的影响

宗教极端势力的活跃，势必给本已受到金融危机冲击、艰难复苏的地区国家安全、经济发展和稳定造成诸多负面影响，主要表现在：一是引发民众思想上的混乱。在哈萨克斯坦，民族传统文化正在与极端的伊斯兰化进程发生冲突，由于信仰伊斯兰教民众数量的不断增长，并按伊斯兰教义穿戴、规范举止言行和构筑世界观，与哈社会传统相悖、并导致社会的冲突性在不断增长。在文化背景多元的大城市，这一趋向表现得更为明显。尽管真正的对抗目前仅出现在网络上，但没人能保证这种虚拟的、尖锐的意识形态战争不会从网络转变成现实。塔总统拉赫蒙多次表示，一些宗教极端势力已经对社会秩序造成消极影响，这些组织要控制人们的思想，尤其是年轻人的思想，号召塔青年人要保持高度的政治警觉，不要被极端伊斯兰势力的蛊惑迷惑。二是降低政府威信搅乱政局。吉尔吉斯和塔吉克斯坦政府经常因打击恐怖主义不利而受到民众的指责。自去年 6 月事件后，吉南部乌兹别克族与吉尔吉斯族民族矛盾未得到有效化解，吉民族主义情绪正在向北方地区蔓延。今年初，北部比什凯克市、伊塞克湖州等地接连

出现“消灭乌兹别克人”、“乌兹别克人滚出去”等标语。因政府执政能力弱而无力克服此危机，国际危机组织中亚地区负责人保罗·奎因认为，动荡的形势会促使“乌伊运”和其他武装团伙积聚力量，其对政局的影响和对政府稳定产生强烈冲击。三是恶化国家安全形势。增加反恐和打击成本，延缓经济发展，迫使国家把本不多的经费用于维护社会治安和打击暴力恐怖主义，减少对经济的投资。当前，吉经济发展低迷导致民众生活困难，南部重建正面临严重的资金短缺问题，而由于其局势不稳定，投资风险大于收益，外国投资者也很难大胆地向该地区投入资金。

### （二）对地区国家之间的影响

在各国业已存在的边界领土纠纷、水资源开发利用矛盾等问题上增添新的对立因素。“乌伊运”在乌塔、乌吉之间潜入潜出对国家双边关系造成影响，挑起国家间纷争，降低政治互信，削弱打击恐怖主义的合作力度。个别国家指责他国边境维护管控、打击恐怖主义不力。有的国家为维护本国安全，单方面加强边境安全措施，如拉铁丝网、在边境地区填埋地雷，对边境居民迁移造成伤害，加剧了中亚国家间原已存在的边界纠纷。

### （三）给外部势力干涉的理由和渗透的机会

由于中亚地区宗教极端势力的活跃，特别是其与毒品问题密切相关，俄以维护其国内安全和打击贩毒为由，要求俄边防军重新部署在阿塔边境地区，遭到塔的拒绝。美对塔吉克斯坦打击宗教极端势力横加指责，认为其侵犯和践踏人权，同时，围绕塔经济建设重大项目规划、非法武装团伙与前联合反对派武装勾结、拉赫蒙后政权问题加强控制和渗透。尽管最近美迫于国内选举进程而宣布、并打算开始从阿撤军，不但放缓与俄的争夺，且积极与俄在打击地区毒品问题、阿富汗重建等问题上寻求利益重合点，但在事关国家地缘战略利益的中亚地区的争夺中，双方是否能够握手言和，共同应对中亚国家本身的诸多难题及带来的影响，尚难定论。俄美对地区主导权的争夺和角逐将进入一个新的阶段。

# 巴基斯坦的“塔利班化”及发展态势

陈　熙①

巴基斯坦独立以来，世俗主义在国家政治中居于主流地位，是一个较为温和的伊斯兰国家，宗教在政治上的影响有限。20世纪70年代后，伊斯兰极端势力开始加速提升并逐渐坐大。至2006年，其活动、尤其是在巴部落地区的行为明显呈现出“塔利班化”的发展态势。

巴基斯坦“塔利班化”的形成和发展，是继阿富汗“塔利班”政权垮台、以美国为主导的反恐战争以及巴国内局势的变化而产生并逐渐发展壮大的。巴基斯坦的“塔利班”势力主要集中在西北边境地区的南瓦济里斯坦和斯瓦特谷地的部落区，形成了许多派别，实力最大的是原马哈苏德领导的“巴基斯坦塔利班运动”，该派别曾得到“基地”组织全天候的资助。因此，势力不

① 陈熙，新疆中亚区域发展研究中心。

断壮大的“塔利班”武装已成为巴基斯坦和美国的“心头之患”。

## 一、阿富汗“塔利班”对巴基斯坦“塔利班化”的影响巨大

美国和北约军队在阿富汗实施反恐战争后，阿“塔利班”势力对巴基斯坦的渗透也随之加强，其活动地域不断向阿巴边境转移，而巴基斯坦的“塔利班”势力亦趁机而起并发展壮大。2001年，巴基斯坦的“塔利班”势力就瞄准了瓦济里斯坦的部落地区。到2002年，部分巴基斯坦部落武装人员集结起来反抗联邦政府的控制。至2004年，这些团体开始与巴国政府谈判，正式成立了“巴基斯坦塔利班”（缩写为TTP）。2007年4月，《新政治家》载文指出：新一代的武装分子正在巴崛起，他们通常也被称为“塔利班”，不过却是巴基斯坦的“塔利班”，他们由年轻的毛拉领导，这些毛拉不同于以前的“塔利班”，他们有技术、懂媒体，遵守部落法则，深受部落民族主义的影响。该文还指出：被称为“塔利班”，是因为其与阿富汗“塔利班”有着相同的意识形态，他们的目标不仅在于“占领阿富汗的异教徒”，而且也在于统治和管理巴基斯坦的“异教徒”，以及维持世俗价值观念的巴基斯坦社会。早在2007年6月，巴国家安全委员会就决定采取行动，以控制瓦济里斯坦等地区的“塔利班化”。随后，巴“塔利班”势力和影响力逐步从最初的部落地区，扩大到部落以外的内地和沿海城市。评论认为：巴西部领土上不断扩大的“塔利班化”影响，有可能威胁到巴国的领土完整，并成为整个巴基

斯坦面临的大问题。

## 二、巴部落地区助长了“塔利班化”的发展势头

巴“塔利班”主体及亲“塔利班”宗教激进团体等在巴部落地区有着深厚的社会组织和群众基础；清真寺及其附属的宗教学校马德拉萨，在推广教义和组织宣传方面有着得天独厚的优势；加之部落地区事实上的独立地位，也使得巴基斯坦中央政府和军队无法渗透到该地区内部，这助长了“塔利班化”的发展势头。巴部落地区好武，且拥有本族武装，是恐怖分子藏匿的“天堂”。在部落地区，多年来宗教领袖一直将推行严厉伊斯兰法的“塔利班”视为理想政府，而部落民众对任何寻求庇护的客人都会要求受到保护。这样一种有宗教领袖和民众支持的部落地区，具备了隐藏“塔利班”分子的条件，可以说是“塔利班”势力藏身的“天堂”。首先，部落地区长期与外界隔绝，无异于一个“独立王国”，各部族又都拥有自己的武装，而且此地民风凶悍，即便军队对部落地区也心存忌惮，“塔利班”和恐怖分子到这里来藏身可以说是相当安全的。其次，部落地区居民和“塔利班”同属普什图族，可谓“同根同源”，双方常常有血缘或亲戚关系，一些部落首领与“塔利班”关系十分密切。苏联入侵阿富汗后，就有大批阿富汗普什图族难民流亡到这里投亲靠友，他们的部落情结冲淡了巴阿边界概念。“9·11”前巴阿两边的普什图族人可以相互往来，他们的眼中不存在什么“杜兰线”，有的只是普什图同

胞兄弟情谊。他们对主要由普什图族人组成的“塔利班”和支持过阿富汗“圣战”的本·拉登都比较同情。此外，在美军打击“塔利班”时，不少部落武装越境支持“塔利班”，很多人还与反塔联盟作战。据西方记者批露，“9·11”后，成千上万的普什图人跑到阿富汗去与“塔利班”并肩战斗。他们将外界进入的人视为对其独立和生活方式的威胁，但却把很多躲在这里的“塔利班”残余和“基地”恐怖分子当作客人，一般来说会提供全力保护。

## 三、巴大量的宗教学校为“塔利班化”提供了有利条件

据统计，巴境内的宗教学校约为二万所，但实际登记的不足五千所，这些宗教学校成了宗教极端分子的培训发源地。

一是成为极端主义的“孵化器”。20 世纪 80 年代，因反抗苏联入侵阿富汗，巴宗教学校快速发展。“9·11”后，国际社会纷纷指责巴宗教学校招收外国学生，培训新一代“塔利班”分子，不仅威胁阿富汗的稳定，还向伊斯兰好战分子提供避难所。巴宗教学校的学员参与了 2005 年 7 月的伦敦爆炸案，导致国际社会对巴宗教学校更加担忧。2007 年 7 月，伊斯兰堡发生“红色清真寺”事件，使巴宗教学校再次成为舆论关注的焦点。对巴宗教学校的作用，巴国内一主流报纸《每日时报》称其为“将穆斯林社会引向极端主义与暴力的孵化器”。

二是巴政府的管理措施收效甚微。早在 2008 年 7 月，执政

的巴人民党领导人艾斯福·扎尔达里就称，宗教学校“正在成为伊斯兰原教旨主义和宗教政治的据点”，表示将重新审查这些学校的课程设置，删除宣扬极端主义和暴力的内容。虽然数千宗教学校被迫到政府部门注册登记，但巴政府并未能实现对这些学校的完全控制。而另一方面，“伊斯兰团”首领卡兹·侯赛因·艾哈迈德则要求扎尔达里等巴领导人停止对宗教学校的谩骂；信德省“伊斯兰团”副首领穆姆塔兹·阿里·麦蒙公然宣称：“宗教学校是巴基斯坦意识形态边境的守护者”。这些政党及宗教领导人对扎尔达里讲话的反应，大体显示了巴社会对宗教学校的主流认识。

三是信德和西北边境省宗教学校日趋“塔利班化”。“塔利班”军事力量的增长以及在阿、巴发生的一系列自杀性袭击事件，吸引了国际社会对巴部族地区宗教学校的关注。信德省曾负责法律与议会事务的部长阿亚兹·苏姆罗强调，省内数所宗教学校涉嫌参与恐怖主义活动。该省首府卡拉奇的“塔利班化”现象更为严重。在卡拉奇举办的一次宗教研讨会上，著名的逊尼派学者阿里·谢尔·海德里大谈宗教学校的作用，声称“为了传播伊斯兰教将生死置之度外”是宗教学校的职责所在。西北边境省在斯瓦特地区有数十名宗教学校学生被“塔利班”发展成“人弹”。该省“伊斯兰团”领导人毛拉那·斯拉吉·乌勒·胡克在由宗教学校学生组成的“阿拉比亚大学生会”年会上称，若美国对部族地区发动袭击并插手巴内部事务，他将发动从信德首府卡拉奇到西北边境省奇特拉尔的“圣战”。

## 四、巴政府承认并支持部落自治，政府无法有效管理

巴基斯坦独立后，部落地区享有的高度自治地位延续下来，巴政府军只是在20世纪70年代平定“红衫军”叛乱时曾进入该地区，但很快撤出。与巴其他地区相比，部落地区受教育率低、资金贫乏，并且还受到阿富汗长期战乱的冲击。

巴政府曾多次试图给部落地区修建道路，但每次建筑队都受到部落武装的袭击而被迫撤退，部落认为政府修道路会削弱当地的自治权利。半个多世纪来，尽管部落中受过教育的开明者曾要求变革，但这种高度自治的管理制度却一直延续下来。目前，巴基斯坦有六百多项法律，只有44项在部落地区适用，政府驻部落地区的政治代表同各部落打交道仍需通过其传统大会，可见部落地区俨然相当于一个“独立王国”。

虽然政府在社会援助等方面行使一定的管理权，但部落地区内部的大事却主要由部落长老协商负责，部落长老被称作“马利克”，负责维持和平、保持重要道路的畅通，巴政府一般也对部落长老礼让三分，遇有一些无法解决的事情都请部落长老帮忙。

这些中央政府无法插手的地区为“塔利班”分子提供了安全庇护所，使其屡屡躲过美国和北约军队的军事打击，得以不断渗入巴部落社会。因此。巴当局难以彻底根治部落区的“塔利班化”问题。

## 五、巴境内大部分的暴力恐怖活动均系“塔利班”所为，巴塔仍是最具威胁的恐怖主义团伙

多年来，巴国内发生的暴力恐怖活动绝大部分都与巴基斯坦的“塔利班”有关。2009年前10个月，巴基斯坦“塔利班”发动严重恐怖袭击达三十多起，造成二千多人死亡，尤其是2009年10月15日，巴塔在拉合尔、白沙瓦等地连续发动5起恐怖袭击，造成数十人死亡。2010年至今，在巴基斯坦发生的恐怖袭击和暴乱事件更多与其有关，死亡和受伤人数远远超过以前，暴恐形势更加严峻。

与此同时，马哈苏德虽然毙命，但未根本改变巴阿边境地区反恐困局。“巴塔”、“执行先知教法运动”、“基地”组织等武装团伙实力尚存，其组织结构未受到根本破坏，具备与巴政府军一较长短的能力，而且马哈苏德的死又导致本来就不统一的各武装团伙更加分散，未来“基地”组织很可能以其意识形态优势及丰富的恐怖活动经验成为各团伙的神经中枢，巴反恐行动仍将任重道远。

第一，马哈苏德之死并没有破坏塔利班的基本架构与基层实力。“巴塔”本来就是数十个宗教极端组织合并而成的松散联盟，只有马哈苏德有能力、有威望将其维系在一起。马的死亡一方面导致了“巴塔”内部凝聚力不再，传统的团伙矛盾爆发，双方仇恨根深蒂固，无法消解。另一方面“巴塔”组织结构更加“扁平

化”，即各个小团体互不统属，但在共同的意识形态主导下，自主行动，彼此呼应。

第二，恐怖主义滋生的土壤依旧存在，这是巴无法根绝恐怖组织的真正原因。正如巴智库“研究和安全分析中心”指出，“马哈苏德只是恐怖主义的一种‘症状’，绝非‘疾病’本身，真正的‘疾病’是社会落后和经济贫困”，“即使恐怖头目死了，滋生恐怖主义的条件依然存在”。

**参考书目与文章**

1. 李莉：《美国反恐战略重心东移及其影响》——《现代国际关系》2009 年 2 期。

2. 王联：《论巴基斯坦部落地区的塔利班化》——《国际政治研究》2009 年 2 期。

3. 王联：《巴基斯坦 FATA 的政治与社会发展态势》——《国际资料信息》2009 年 3 期。

4. 王联：《评塔利班对巴基斯坦的渗透》——《现代国际关系》2009 年 8 期。

5. 杜冰：《后马哈苏德时代的巴基斯坦塔利班》——《国际资料信息》2009 年 10 期。

6. 《巴基斯坦宗教学校的作用》——美国《中东媒体研究所》所属《调查与分析系列研究》(第 462 期)。

# 专题三

# 地区安全与反恐合作

# 反恐战争进入本·拉登后新时代

顾正龙[①]

2011年5月1日晚，美国总统奥巴马在白宫高调宣布，根据情报美国在经过8个月的艰辛准备后，终于在巴基斯坦击毙了基地组织头目本·拉登。奥巴马称："正义已得到伸张"，美国打击基地组织的行动取得了迄今为止最重要的进展。消息震惊了整个国际社会，美国社会上下一片欢腾。然而，本·拉登被击毙，是否意味着21世纪头十年这个人类历史上短暂但如疾风骤雨般的时代和"全球反恐战争"是否终将结束，对美国的外交政策长远轨迹，以及中东正在发生的巨变将产生什么影响值得国际社会关注。

① 顾正龙，新华社世界问题研究中心研究员。

## 一、美国大肆渲染本·拉登之死有玄机

人们注意到，如同10年前发生“9·11”恐怖袭击事件时美国作出的反应一样，美国媒体对本·拉登之死进行了铺天盖地的新闻炒作，发挥了淋漓尽致的渲染作用。美国情报机构用了10年的时间和数以亿计的美元才打听到本·拉登的下落并击毙了他。固然，这是一条重要的突发新闻，但美国媒体如此大肆炒作，必有其特殊考量。美国作为世界上最强大、拥有最先进武器和技术手段的大国，到现在才处决了本·拉登，这倒是值得人们去好好深思的一桩怪事。

分析人士指出，美国在“9·11”恐怖袭击事件后作出的噩梦般的夸张反应，人们简直难以相信美国竟会让自己对未来可能发生的事情被政治化的恐惧所支配，人们因此而生活在被美国领导人所渲染的恐怖威胁中，许多国家也因此而受到影响和牵连。如果说，当时的小布什总统试图利用全球同情心和支持摧毁本·拉登在阿富汗的组织机构的反恐心理，通过夸大基地组织和恐怖主义威胁的性质，在美国人民面前被描绘是实实在在威胁的话，其真正意图是想以此来证明美国对阿富汗和伊拉克发动两场战争的合理性，同时顺便解决美国当时所面临的，但与“9·11”事件完全无关的其他棘手问题。

如今本·拉登被击毙，这不仅是10年来美国期盼已久的国家安全胜利，也是奥巴马个人的重大胜利。2012年美国即将举行大选，奥巴马的支持率原本已经降至担任总统以来的最低点，

本·拉登之死无疑会使他在国家安全领域占据优势，有利于总统连任的打算。鉴于他在中东问题上的决策遭到质疑，他可以借此加强外界对他的外交政策的信心。同时希望通过击毙本·拉登新闻，重现当年“9·11”事件后在美国出现的空前的国家凝聚力和同仇敌忾的政治情绪，可以向美国民众发出新的团结呼声。本·拉登的死给他赢得了丰厚的政治回报和资本，可能改变人们对他领导能力的看法。可以说，奥巴马在渲染本·拉登被击毙消息的做法，与小布什当年采取的夸张做法并无区别。

## 二、拉登之死意味什么

美国清除本·拉登的时机不早不晚，正好赶在阿拉伯国家政治动荡高潮之际，与突尼斯、埃及、利比亚、叙利亚、也门等西亚北非国家发生政治动乱时间大致相同。本·拉登的死与中东地区的政治动荡不无关联，并将产生影响：

（一）自称是一无所有者和受压迫者代言人的基地组织，曾妄图用他们的杀戮信条来驾驭本地区民众运动，并坚称唯一的途径是以暴力实现改变的理论。多年来，阿拉伯世界虽然不赞成基地组织的恐怖手段，但却支持基地组织的存在，以作为反对西方“犹太基督教”干涉伊斯兰教的一种斗争方式。由于基地组织在过去的20年间发动的自杀式恐怖袭击，在阿拉伯世界导致包括儿童在内的大批平民死亡，更因为基地组织在实现自身目标上的彻底失败，既没能让在巴勒斯坦的以色列人和在阿富汗的西方军队后退一步，也没能推翻任何一位被它称之为异端的阿拉伯独裁者。但现在，该地区一个又一个国家的人民站出来推翻了他们的领导人，而在这一进程中，“基地”组织似乎没发挥什么作用，这使阿拉伯人对基地组织只有暴力才能带来变革的哲学思想的反应发生了变化。随着本·拉登之死以及正在消化所谓“阿拉伯之春”的教训，基地组织的暴力宗教哲学时代可能会逐步失去吸引力。

（二）阿拉伯世界出现的政治动荡在意识形态上对基地组织是一个沉重打击。普通民众追求的是民主、民生和尊严——这些概念恰好被本·拉登所厌恶。随着时间的推进，促进非暴力的民主运动可能代替伊斯兰极端主义，本·拉登之死有可能在中东催生新的政治局面。在突尼斯、开罗、斑加西、大马士革、萨那等阿拉伯重要城市里，阿拉伯青年不是在为本·拉登呼吁建立的伊斯兰哈里发王国而战，而是为民主和民生诉求而战。他们更愿意以“非暴力、非宗教的民主运动”实现这些目标，人们越是用和平方式表达自己的不满以及诉求，离暴力就会越远，这将令基地组织的暴力哲学在阿拉伯世界被边缘化。

（三）进入“本·拉登后时代”的反恐战争进入新阶段。英国《每日电讯报》文章指出，美国庆祝本·拉登之死，但几乎没有任何理由值得欢欣鼓舞。本·拉登之死被恐怖组织称为是殉教，可能会是他为那项令人毛骨悚然的事业所作的最后贡献。他作为恐怖分子头目在阿拉伯世界的时代即将成为历史，但是这并不意味着恐怖主义嘎然而止，基地组织也不会在一夜之间消失。将本·拉登的尸首扔到海里并没有终结恐怖主义威胁，也没有消除基地组织支持者的意识形态动机。基地组织 5 月 6 日在一份声明中确认其领导人本·拉登死亡，同时扬言要进行报复，并声称："我们基地组织成员将继续坚定地走圣战道路，血不能白流。"这份声明威胁说，美国以及那些生活在美国的人永远也不会得到安全的生活，除非我们的巴勒斯坦同胞能获得安全。本·拉登的死并不会改变基地组织"凶残的暴力和宗教狂热的"行事原则。本·拉登死了，可是整个穆斯林世界滋生恐怖活动的根本原因没有消失，贫富差距、贪污腐败，最重要的全世界的地缘政治圈分配不公的现象，在过去、现在和将来都会引起穆斯林世界的不满。基地组织错综复杂的组织固然依靠头目惊人能力，但消灭一个恐怖头目，即便是最主要的恐怖分子，对反恐而言也算不了什么，因为吸引一部分年轻人的首先是社会、政治因素和意识形态观念，本·拉登之死会刺激恐怖分子进行报复，世界将进入本·拉登后时代。倘若杀死本·拉登将导致美国和其他国家发生新的恐怖袭击，这多半会对奥巴马的政治地位产生负面影响，在这场"无规则战争"中，无法预测头号恐怖分子死后的事态发展，反恐战争将进入一个新阶段。

（四）本·拉登被击毙从心理上给基地组织以沉重打击，但是不具有任何实际的军事意义，它更多的是象征性和心理上的意义。对于越来越分散、从战略层面已经脱离本·拉登运行多年的组织来说不会有太大实际影响。基地组织由过去在巴基斯坦、阿富汗活动的核心组织演变成一个由多个恐怖主义组织组成的网络，各自独立，并不受本·拉登的直接指挥和控制。美国前高级情报员保罗·皮勒认为，作为恐怖主义行动领导人来说，本·拉登实际上有一段时间不是主要人物了。大部分行动是周边组织如阿拉伯半岛基地组织分支、伊斯兰马格里布基地组织分支以及其他小一些的组织，而不是核心组织挑动的。

# 在夹缝中反恐——阿富汗和巴基斯坦的难题

赵伯乐[①]

阿富汗和巴基斯坦既是当今世界恐怖主义活动的重灾区，又是全球反恐的主要战场，在延续十余年的反恐战争中，两国付出了巨大的代价。巴基斯坦总统扎尔达里 2011 年 5 月 3 日在美国《华盛顿邮报》发表了题为《巴基斯坦做了分内事》的文章，指出“反恐战争既属于美国，也属于巴基斯坦……坦白地说，巴基斯坦已为反恐立场付出巨大代价”。据统计，10 年来，巴基斯坦在大大小小的反恐战役中投入十多万兵力，共逮捕和击毙了四百多名基地组织成员和上千名极端组织的成员，并把一些重要头目交给美方。直接和间接经济损失高达 1000 亿美元，远远超过美国在此期间不到 200 亿美元的各项援助。[②] 阿富汗则处于长期的

① 赵伯乐，云南大学国际关系学院教授。

② 参看傅小强：“巴基斯坦反恐功不可没”，人民日报海外版，2011 年 5 月 16 日。

战乱状态中，虽然得到世界各国的资助，但是正如阿富汗总统卡尔扎伊在一次国际会议上讲话中所指出的那样："发展项目巨大的安全成本和微薄的利润困扰着重建"，[①] 大量的资源用于反恐行动，经济增长缓慢，人民生活改善不大，在阿富汗3000万人口中，失业人数超过总人口的1/3，生活在贫困线以下的有500万人。阿富汗无法甩掉最贫穷国家的帽子。就国家安全局势而言，巴阿两国始终难以摆脱"越反越恐"的怪圈，政府也日益陷入"越反恐越孤立"的状况，政府是否有能力反恐，已经持续多年的反恐行动能否彻底解决社会安全等一系列难题，受到人们越来越大的质疑。事实上，我们在美国以反恐为由大力介入的地区如伊拉克等都发现了同样的情况。

这就不能不使人们深思，产生这种困境的原因是什么？摆脱这种困境的可能性在哪里？

## 一、第一个难题：主动反恐还是被动反恐？

巴基斯坦总统扎尔达里在前列题目为《巴基斯坦做了分内事》的文章中写道："巴基斯坦是世界上深受恐怖主义之害的国家之一，是'基地'的目标之一"，"就我而言，对本·拉登绳之以法不仅关乎政治，还涉及个人因素。那些恐怖分子谋杀了我们

① 据不完全统计，仅在2008至2009财政年度，进入阿富汗的国际援助共有63亿美元，相当于国内生产总值的45%。http：//www.unmultimedia.org/radio/chinese/detail/135244.html。

伟大的领导人，我孩子的母亲”[1]。而阿富汗更受恐怖主义危害之苦，特别是“9·11”以后，这块土地先是成为美国为首的西方军队反恐的战场，在塔利班政权覆亡之后，多国军队长期驻守这里，反恐几乎成为十年来国家一切事务的中心。

从表面看，反恐是巴基斯坦和阿富汗国家利益得到保证的基石。但是实际上，问题并不是这么简单。现今两国最危险的恐怖主义组织是“基地”和塔利班。在阿富汗，基地组织和塔利班是完全不同的两类组织。前者有阿拉伯人为主体，由非阿富汗人组成核心领导层，其分支机构和活动区域遍布全球，“9·11”之前，基地组织仅仅把阿富汗作为一个据点。而塔利班则由阿富汗普什图人为主建立，其活动区域就在阿富汗境内。这两个组织的建立都与反对苏联的侵略和占领有关，其中许多重要成员都是反对外国侵略的斗士。因此也都得到过包括美国在内的西方国家的支持和援助。两个组织成员都是穆斯林，也使得其具有一些天然的联系。

冷战结束以后，美国的单边主义政策使其四面树敌，特别是其在中东地区的所作所为使基地组织将其锁定为最危险的敌人和打击的对象。而塔利班则在苏联军队撤出后，在部落武装纷争中崛起，建立了政权，虽然其激进的宗教政治主张使其在国际上陷入孤立，只有包括巴基斯坦在内的三个国家承认塔利班政权，但是这个组织并没有被界定为恐怖主义组织。只是“9·11”恐怖主义袭击之后，塔利班与基地组织的密切关系公开化，它才和基地组织一起，成为美国为首的西方国家的主要打击目标。美国总

---

① 引自《京华时报》，2011年5月4日。

统奥巴马在一次竞选演讲中就明确表示，如果当选总统，就“让阿富汗而不是伊拉克成为美国的反恐中心地带”。①

巴基斯坦塔利班成立的时间要晚得多，由于民族语言上的一致，巴基斯坦境内的普什图人出于对阿富汗普什图人境遇的同情，给塔利班成员一些庇护和支持，只是后来随着西方反恐行动在这些地区的加剧，激起民族情绪的反弹，最终促成这一地区的武装人员形成组织，而且公开与美国和巴基斯坦政府为敌。② 从某种意义上可以说，这种形势的转变，并不是（至少不全部是）有阿巴本身的原因造成的，美国因素起到了决定性的作用。

阿富汗现政权是在美国发动阿富汗战争，推翻塔利班政权之后建立的，获得美国财政和安全的支持是这个政权得以稳定的一个必要条件，特别是在初期，这种依赖性更加明显。这就决定了阿富汗政权在多数关键问题上不得不与美国保持一致。而塔利班组织也多次声明，美国的侵略和占领是阿富汗社会动荡的根本原因，并坚持只有以外国部队撤军为前提，才可能接受政府的和谈提议，结束国家的战争状态。③ 巴基斯坦政府之所以选择在反恐问题上与美国密切合作，在很大程度上出于对自身国家安全特别是与印度保持某种力量平衡的考虑。在冷战结束之后，美国南亚政策的一个重大调整就是变过去“亲巴疏印”为“亲印疏巴”，只是在“9·11”后，巴基斯坦在美国南亚反恐战略中的重要地

① http：//news. dayoo. com/world/200809/11/53871 _ 4090351 _ 6. htm

② 参看 http：//www. cfr. org/publication/15422/pakistans _ new _ generation _ of _ terrorists. html

③ 参看“阿富汗总统公开证实：美国正与塔利班谈判”，《南方都市报》政府，2011－06－19

位无法取代，美国才维持了与其的合作关系。[①]

因此，反恐尽管是阿巴两国国内安全的需要，但是从某种意义上可以说，阿富汗政府和巴基斯坦政府这样做也带有很大的被动成分。特别是在反恐行动主动权的掌控上，阿巴政府反主为客，处于附属的地位。

## 二、第二个难题：谁是反恐的主导力量？

一些研究者在分析恐怖主义活动最为活跃的地区状况时指出，一些国家力量的过度虚弱使之无法与恐怖主义直接对抗，使之形成这类组织为所欲为的“避风港”，阿巴两国就名列当今世界上13个这样的“避风港”之中。[②] 事实上，所谓国力衰弱只是一个相对概念，这里面既有政府掌控力量与恐怖主义组织力量的对比，更有国外力量与政府力量的对比。

在过去的10年中，美国为有效遏制恐怖主义组织以阿富汗或巴基斯坦为基地发动攻击，在这里投入了大量的人力物力。美国为首的北约驻阿富汗“国际安全援助部队”人数超过14万，其中美军人数超过9万；美国在巴基斯坦虽然没有直接驻军，但是可以使用这里的军事基地。美国布朗大学沃森国际研究所公布“战争开支”专项调查报告，认为10年来美国在阿富汗、伊拉克

---

① 参看 Steve Coll，*Terrorist Safe Havens after Bin Laden*，An Assessment.，http：//www.newamrica.net/publications/resources/2011/

② 参看 Steve Coll，*Terrorist Safe Havens after Bin Laden*，An Assessment.，http：//www.newamrica.net/publications/resources/2011/

以及巴基斯坦展开的军事行动总开支至少 3.7 万亿美元，可能高达 4.4 万亿美元。其中仅在阿富汗的开支就高达 2.7 万亿美元。[①]与此形成鲜明对比的是，2009－2010 财年阿富汗的 GDP 才达到 130 亿美元。[②] 这就不可避免地造成美国等西方国家在阿巴反恐以及其他国内事务中说三道四，横加干涉。

2011 年 5 月 1 日，基地组织首脑本·拉登在巴基斯坦境内被美国派出的特种部队击毙。这件被称为反恐斗争大胜利的事件非但没有给巴基斯坦带来应有的喜悦，相反增加了其与美国的矛盾。因为美国完全绕开了巴基斯坦政府和军方，秘密派遣一支武装力量，在直升飞机的支援下，潜入到距离巴基斯坦首都仅 60 公里的军事重镇实施突击，完全没有把这个独立国家的主权放在眼里。不仅如此，美国官员还对巴基斯坦大肆批评，指责巴军方藏匿这个恐怖主义组织领袖，并暗示巴政府和军方的无能。美国中央情报局局长帕内塔（Leon Panetta）就公开宣称，巴基斯坦政府在拉登行踪问题上要么是“无能”，要么是“本身就参与（拉登恐怖活动）其中”；总统国土安全及反恐事务顾问布伦南（John Brennan）则表示拉登能在阿伯塔巴德镇藏身这么久，显然在当地拥有支持体系，美国将对此事彻底调查；更有专家直接怀疑巴军方人员和拉登存在联系。[③] 而在阿富汗，美国也多次出言不逊，指责其政府和领导人反恐不力，政府能力低下。以至于

---

① “美打 10 年仗花非 4 万亿”，http：www.chinadaily.com.cn/hqgj/jryw/2011－06－30/content _ 3047295html.

② 中华人民共和国外交部网站“国家和组织，阿富汗”词条公布的数据。

③ 章涛：《拉登之死改写美国反恐战略，阿富汗中心不再》，《新世纪》2011 年 5 月 9 日。

连一直与美合作的阿富汗总统卡尔扎伊放出狠话，如果外国势力对阿富汗改革继续向他施压的话，他将与塔利班联合起来抵抗美国。①

客观地讲，阿巴两国的反恐需要国际社会的支持，但这是主权国家为维护本国安全，同时也是为世界反恐作出巨大贡献的行动。其一切反恐行为都应该在合法政府的领导下进行。然而实际情况是，反恐指挥权并没有掌握在巴、阿政府手中，美军平时驻守在戒备森严的军营中，战时大开杀戒，很少理会本地政府的意愿，更不会接受指挥，俨然一个主权国家中的独立王国。胜利都被美国归于自己名下，而失误则被归罪于阿富汗和巴基斯坦政府或军方。这就使两国国民以及国际社会怀疑，究竟谁是指挥者？两国政府究竟代表谁的利益？

## 三、第三个难题：如何使反恐合乎民心？

通观阿、巴反恐进程，我们发现不仅彻底消除恐怖主义威胁的目标远没有实现，两国国内矛盾相反呈现日趋复杂尖锐的趋势，政府的民众支持率一直徘徊在低位。究其原因，反恐方式的选择起到了很关键的作用。考察历史，人民注意到无论是阿富汗还是巴基斯坦政府都没有放弃采用和平方式解决包括恐怖主义组织存亡在内的国内问题的努力，这也是国际社会解决国内矛盾惯用的方法。

---

① http：//news. sina. com. cn/c/2010－04－08/091520030621. shtml

但是美国等外国势力的介入，使上述选择的空间受到挤压，军事打击几成唯一的手段。特别是美军在“斩首行动”中广泛使用无人机等武器，在更有效遏制恐怖主义组织活动的同时，也造成了大量平民的伤亡。而两国军队和警察在参与大规模军事行动后得到短暂的平稳，但是很快陷入遭到袭击——进行清剿——再遭袭击的恶性循环之中。就以 2011 年 5 月本·拉登被击毙后一个月为例，巴基斯坦并没有盼来期望中的和平，相反却遭遇了更多的恐怖袭击，5 月 13 日，巴基斯坦贾尔瑟达警察训练中心发生连环炸弹袭击，近 90 人丧生，其中大多为新兵。5 月 20 日，美国驻白沙瓦领事馆遭遇汽车炸弹袭击。5 月 22 日，戒备森严的迈赫兰军事基地竟然遭到恐怖分子渗透，两架飞机被炸，11 名军人身亡。5 月 25 日，白沙瓦警察局遭袭，3 层办公楼被毁，20 多人死伤。5 月 26 日，亨古地区一警察局附近被炸，至少 25 死 50 伤。5 月 28 日，巴焦尔部落地区发生爆炸，至少 8 死 10 伤。5 月成为令人恐怖的“血腥之月”。

这样一来，反恐并没有给人民带来和平安宁，相反使他们蒙受更大的牺牲。人心向背就在这个过程中发生微妙的逆转，百姓认定是美国等外国势力的存在给他们带来灾祸，反美使得越来越多的普通民众同情塔利班等组织。民众也对政府产生越来越大的不信任感，认为其是美国势力的代言人。

将要卸任的美国驻阿富汗大使在一次讲话中这样说到：“我发现你们（阿富汗）领导人的某些言论十分伤人，并且极其不当。当美国人付出巨大的金钱甚至生命代价来到阿富汗服役，却听闻自己被称为‘侵略者’、被指责他们来到这个国家只是为了赚取私人利益、被比作阿富汗人民的凶恶敌人时，他们的脑海里充满了困惑。”[①] 其实阿富汗政府人士只是含蓄表达了自己的观点，如果这位大使承认阿富汗人民所遭受的巨大牺牲，真正尊重阿富汗人民，就不会再感到困惑了。

阿巴两国领导人也意识到了这一点，阿富汗总统卡尔扎伊就曾公开表示：“我们和国际社会必须坐下来，重新考虑一下我们采取的反恐策略是否正确。”[②] 言语中包含着对前阶段反恐的反思。巴基斯坦领导人则采取与更多国家加强合作的方式来改变其单纯依靠美国的形象。

但是要真正使反恐成为民众拥护的行动，就必须首先获得民众的心理认同，而这却是难以解决的一个难题，因为如果连起码的安全感都无法保障的话，这种反恐又怎能得到百姓的支持呢？

## 四、走出夹缝，阿巴反恐的正确选择

本·拉登被击毙后，一些研究者认为将会对阿·巴反恐局势产生直接的影响，其中“美巴关系将走向低谷”，“阿富汗在美国反恐战略中的地位将下降”[③] 的说法十分引人注目，在这里我们不去判断这些观点是否正确，而只想指出，如果美国干预真能减弱，对阿巴两国的反恐来说反倒是一件好事。因为这两个国家的反恐

---

① 《美国驻阿富汗大使公开指责阿总统口不择言》，中国日报网，2011 年 6 月 20 日。

② http：//www. southcn. com/news/international/gjkd/200509130681. htm，

③ Steve Coll，Terrorist Safe Havens after Bin Laden，An Assessment.，http：//www. newamrica. net/publications/resources/2011/，傅小强：“阿富汗撤军 美国的战略考量”，《人民日报》2011 年 6 月 26 日。

之路之所以走得如此艰难，在很大程度上就在于存在一个夹缝，一边是美国为首的西方国家，他们出于自身的利益考虑，希望把反恐战火局限于阿巴等国家，远离自己本土，因此对其施加巨大的压力，希望将其紧紧捆在反恐战车之上。例如在阿富汗，美国就一直实施三个行动，一是与阿富汗政府谈判签署战略合作伙伴条约，保障美在阿驻军权利；二是加强在阿军事基地的建设投入，以图长期驻扎；三是在逐步撤军的同时，加强对阿富汗武装力量的培训，降低美军参战部队数量，最终达到“以阿治阿”的目的。[①] 而对于巴基斯坦，一些美国学者提出，奥巴马政府应综合利用美援、阿富汗军事行动及国际压力，逼迫巴基斯坦政府采取行动，在反恐问题上，建立一种“工作关系”。[②] 经济、军事援助成为实施这些行动两大法宝，阿巴政府被这些压力紧紧缚住手脚。

夹缝的另一边是本国人民，外来势力的长期存在，使这些国家的民众越来越清楚地认识到，反恐只是一个口实，谋求他们的利益才是其真正的考量。美国不仅要消除对自己安全最大的威胁，还试图将阿巴等国家纳入其利益体系之中，甚至试图改变这些国家的文化政治体制。许多社会动荡的根源都来自外国势力的干涉。因此，阿巴两国国内民众的反美情绪十分强烈，对政府的妥协非常不满。

从某种意义上看，阿富汗和巴基斯坦都很像被美国制造的“反对恐怖主义”这一命题绑架的国家，要解套，首先就必须从夹缝中脱身，真正掌握自身的命运才行。

---

① 傅小强：“阿富汗撤军美国的战略考量”，《人民日报》2011 年 6 月 26 日。
② 参看荣鹰：“拉登之死与国际反恐斗争走向”，《当代世界》2011 年第 6 期。

# 巴基斯坦的教派冲突与地区安全

王宇洁[①]

巴基斯坦的穆斯林人口数量在全球排名第二，仅次于印度尼西亚。其大多数为逊尼派穆斯林，什叶派只占总人口的15%左右。但是由于人口基数大，什叶派的绝对数量并不少，20世纪80年代有著作估算为1500万到2000万。[②] 而皮尤研究中心主持的皮尤宗教与公共生活论坛，在2009年发布了对全球穆斯林人数所做的研究，认为巴什叶派人口约为1700万到2600万。[③] 这一数字，仅次于伊朗。

自印巴分治和巴基斯坦建国以来，就有一些人认为穆斯林民族指的仅仅是作为主流派的逊尼派穆斯林。极端的逊尼派力量先

---

① 王宇洁，中国社会科学院伊斯兰教研究室，哲学博士，副研究员。主要从事伊斯兰教什叶派及当代伊斯兰教问题研究。

② Moojan Momen，An Introduction to Shi'i Islam：The History and Doctrines of Twelver Shiism，p. 282，Yale University Press，1985.

③ The Pew Forum On Religion and Public Life，"Mapping the Global Muslim Population"，Oct. 2009，http：//pewforum. org/newassets/images/reports/Muslim-population/Muslimpopulation.

是致力于对阿赫默迪亚派、而后是对什叶派进行排斥和打击。20世纪70年代后期齐亚·哈克当政时奉行的全面伊斯兰化政策，激发了什叶派维护自身权益的一系列活动，同时又招致了极端逊尼派力量更多的警惕，两派之间的冲突和矛盾开始激化。而巴基斯坦所处的特殊战略位置，致使多种外来力量竞相卷入，使得本属一国内政的教派冲突日益复杂化、暴力化、国际化，成为中亚和南亚地区安全的一大问题。

## 一、教派冲突的激化

20世纪40年代的南亚，呼吁穆斯林民族从印度分离出来、建立自己独立国家的运动蓬勃发展。总的来说，在南亚多宗教并存的历史上，什叶派和逊尼派一直少有冲突，两派之间在宗教习俗和礼仪上互有融合，并无严格的门户之见。在这种背景下，大部分什叶派并不认为穆斯林国家意味着逊尼派穆斯林国家，加上什叶派上层无条件支持建立独立的穆斯林国家，大批什叶派群众也随之响应。

在巴基斯坦建国之后，什叶派所占人口比例较低，但经济地位相对较高，很多支持独立的富裕什叶派大家族还拥有举足轻重的政治地位。巴基斯坦的建国之父真纳，还有先后活跃在巴基斯坦政界的斯坎达尔·米尔扎、叶海亚汗、布托家族都是什叶派。在议会制政治体制的大氛围下，一些什叶派政治组织也有可能陆续建立，并展开活动。

什叶派大家族所占据的优势让一些逊尼派极端分子把对经

济、政治领域的不满转移到宗教问题上。加上印度什叶派不断移居过来，致使一些地区什叶派人口比重持续增加。一方面是双方在土地、财富领域的矛盾，一方面是什叶派宗教活动的规模不断增加，一些逊尼派反对什叶派在公共场所进行哀悼活动，并有意侵扰，引发了数起流血冲突。但总的来说，迄止 20 世纪 70 年代末，反什叶派力量要求政府禁止什叶派在公开场所举行阿舒拉节哀悼活动，但什叶派也在呼吁政府保障自己合法活动的权利。从叶海亚汗到阿里·布托时期的各个执政者，往往会根据政治局势的发展对双方作出一定的妥协和让步。从大的范围来看，逊尼派与什叶派之间没有组织化、体系化的对抗，更少大规模的暴力冲突。

什叶派与逊尼派教派冲突的激化是从 20 世纪 70 年代末开始的。这一变化是国家政策方向发生转变的结果，也是外界政治变动冲击的结果。前者主要是齐亚·哈克执政以来实行的所谓“伊斯兰化”政策，而后者则是伊朗伊斯兰革命的爆发及其此后伊朗对外输出革命带来的影响和冲击。

1977 年 7 月，时任巴陆军参谋长的齐亚·哈克发动军事政变，推翻了阿里·布托政权。此后他宣布取消大选、接任巴基斯坦总统一职，并以谋杀未遂为由处死了阿里·布托。为了赢得统治的合法性，齐亚·哈克在伊斯兰促进会的帮助下，以“先知的体制”（nizam-i mustafa）为基础，从政治、法律、经济、文化教育等角度进行了全面的伊斯兰化。但是，什叶派教法与逊尼派教法本身存在一定的差异。对很多什叶派穆斯林来说，以逊尼派教法学为基础的全面伊斯兰化就等于全面的逊尼化，特别是天课（Zakat）和什一税征收，以及取消银行利息等经济政策，更是引发了什叶派直接的不满。

对于致力于争取自己权利的什叶派来说，伊朗伊斯兰革命在此时的成功是一个巨大的精神鼓舞。伊朗在物质和人员方面的直接支持让什叶派的权利斗争取得了一些成果，但是也让巴国内的教派关系更加复杂。

伊朗革命之后，库姆作为什叶派学术和教育中心的地位开始强化。伊朗政府在短短几年中，就向近四千名巴基斯坦学生颁发了奖学金，资助他们前往库姆进行为期 6 个月到 1 年的学习。这些学生不仅受到霍梅尼思想的影响，还与来自中东各地的什叶派学生建立了联系，把自六七十年代以来什叶派中流行的革命思潮和斗争策略带回了巴基斯坦。伊朗在巴境内赞助建立的大量宗教学校或是伊朗文化中心之类的机构，也成为散播伊斯兰革命思想的基地。它们培训学生，举行讲座，组织翻译出版著名什叶派乌勒玛的作品，针对沙特在南亚地区支持的反什叶派宣传，展开反宣传，并对瓦哈比派的思想进行抨击。

1980 年 6 月，齐亚·哈克政府正式公布了有关天课征收的法令，规定国家将按照 2.5%的交纳比例，自动从穆斯林的银行帐户中扣取，并设立天课基金，全国统一管理。这一计划还得到了沙特专项资金的支持。但是，什叶派关于天课征收的范围与逊尼派存在一些差异，而且按照什叶派的传统，什叶派穆斯林在札克特之外，还需要交纳胡姆斯（五一税），两种宗教税都是穆斯林的个人义务，任何政府无权强制征收。在历史上什叶派多生活在逊尼派为主导的国家里，所以他们一般愿意把天课和胡姆斯施散给自己认为需要的人，或捐赠给自己追随的宗教学者、用于支持修建什叶派清真寺、开展本教派的活动，而不是交由政府管理。齐亚·哈克政府这种全国统一征收、统一支配的方式，直接影响到了什叶派的经济利益，而且会从根本上改变什叶派自足的宗教体系，因而成为引发什叶派社会抗议的导火索。

在著名的什叶派宗教人士加法尔·侯赛因（Ja 'far Husayn，1916－1983）[①] 的统领下，加法里派教法[②]实施运动（Tahrik-i Nifaz-i Fiqh-i Ja'fariyya，简称 TNFJ）逐步发展壮大。1980 年 7 月，在该运动的号召下，伊玛目派学生组织（Imamia Students' Organization）展开宣传，来自各地的一万五千多什叶派穆斯林齐聚首都伊斯兰堡举行集会和游行示威，抗议政府制定的天课征收法，要求取消对阿舒拉节哀悼活动的限制。政府办公大楼被困两天。与此同时，一些什叶派社团领袖向霍梅尼致信求助。霍梅尼公开警告齐亚·哈克政府勿对什叶派进行压迫，否则必定会和压迫伊朗人民的巴列维国王一样命运。一定程度上说，霍梅尼的讲话增加了齐亚·哈克政府的压力，最终政府与什叶派代表签订了《伊斯兰堡协定》，同意增加什叶派在政府中的代表席位，并取消自动从什叶派国民银行账户上征收天课的规定。

为了遏制伊朗，沙特阿拉伯等以逊尼派为主的伊斯兰国家一直努力对巴基斯坦施加影响。自阿里·布托统治后期，巴基斯坦开始与海湾诸国交好，齐亚·哈克上台后 20 世纪 60 年代巴国内盛行的左派政治倾向为之一变，沙特阿拉伯和阿联酋等国家以穆

① 加法尔·侯赛因不仅是一名宗教学者，更积极参与与什叶派权益有关的社会政治事务。他曾服务于政府委员会，参与首部宪法的起草。在阿尤布汗和齐亚·哈克统治时期，他曾任职于伊斯兰意识形态委员会。

② 什叶派教法学又被称为加法里教法学派，得名于什叶派尊崇的第六伊玛目加法尔·萨迪克。1959 年，艾资哈尔大学正式认定加法里教法学派是与逊尼派四大教法学派平行的第五大教法学派。

斯林世界联盟（World Muslim League）、哈拉迈基金会（Al Haramain Foundation）、世界穆斯林青年大会（World Assembly of Muslim Youth）、国际伊斯兰救济组织（International Islamic Relief Organization）等组织为依托，在经济方面为巴政府提供了大量的支持，不遗余力地推动巴基斯坦转向。

同时，沙特在巴基斯坦援建了大量的清真寺和宗教学校，并对一些逊尼派极端组织提供资助，宣传瓦哈比派思想，支持反什叶派的宣传活动和武装活动。与瓦哈比派思想接近的迪奥班迪派成为其在南亚的代言人，其声势日益增加。虽然在南亚历史上伊斯兰教的主流一直是温和的巴尔维派（Barelvi），它融合了南亚其他宗教和伊斯兰教苏非派的特点，主张对其他派别和宗教持宽容态度，但是现在其声音反而被掩盖。伊斯兰学者联合会（Jamiat-e Ulama-e Islam）、巴基斯坦宗教学者协会（Jamiat-e Ulama-e Pakistan），还有一直受到沙特支持的追随圣训乌勒玛协会（Jamiat-e Ulama-e Ahle Hadith，JUAH），都公开进行反什叶派的宣传。19世纪迪奥班迪派谴责什叶派为“卡菲尔”的法特瓦被四处张贴，多部对什叶派以及霍梅尼进行批判和攻击的著作出版。JUAH甚至在伊朗革命刚刚发生后就组织了一场游行活动，反对伊朗革命，宣称霍梅尼是伊斯兰教的敌人。[①]

此次什叶派挑战军政权、反对天课征收的运动虽然取得了成功，但与逊尼派的关系却日趋恶化。因为天课是伊斯兰教的五项基本宗教功课之一，什叶派拒绝政府征收天课，等于不履行天

---

① Ashok K. Behuria，“Sunni-Shia Relations in Pakistan：The Widening Divide”，in Strategic Analysis，Vol. 28，No. 1，Jan-Mar 2004，pp. 157－176，p. 159

命，这就成为什叶派已经不再是穆斯林的最佳证据，对什叶派的攻讦之声更加强烈。

在这一时期，整个伊斯兰世界的政治氛围也有所变化，无论是什叶派还是逊尼派，都有部分宗教学者一改此前疏离政治的传统。在宗教学校成长的年轻一代穆斯林不仅热心政治事务，而且视武装斗争为必要手段。一些逊尼派的武装组织应运而生，其中影响最大的是巴基斯坦圣门弟子军（Sipah-ed Sahaba-e Pakistan，SSP）。该组织的创立者是伊斯兰学者联合会在旁遮普地区的副主席哈克·纳瓦兹·吉汗维（Haq Nawaz Jhangvi）。他以反对什叶派大地主为号召，招募了大批出身贫苦的年轻逊尼派穆斯林，于20世纪70年代建立了该组织的前身。吉汗维秉承迪奥班迪派的主张，认为什叶派和苏非主义都不是真正的伊斯兰教，应该将其在宗教习俗和哲学思想方面的影响统统肃清。在这样一种排他主义的思想下，该组织诉诸于教派主义的主张，并接受国外援助与什叶派进行斗争。因为与伊斯兰学者联合会的宗旨分歧日增，1985年，吉汗维与其追随者另起门户，正式更名为圣门弟子军。

随着1983年加法尔·侯赛因的去世，什叶派一方内部也出现了分化。一方是以哈米德·阿里·穆萨维领导的传统派，一方是阿里夫·侯赛因·侯赛尼（'Arif Husayn al-Husayni）[①] 领导的改革派。虽然两派都号称秉承霍梅尼伊斯兰革命的思想，但是侯赛尼一派的主张更加激进，主张政治是宗教的一部分，宗教学

① 侯赛尼20世纪60年代曾在伊拉克纳杰夫学习了6年。他在那里结识了很多什叶派政治活动家，也结识了日后领导伊朗革命的阿亚图拉霍梅尼。70年代中期，因为参与伊拉克政治事务，他被驱逐出境，来到了伊朗库姆，1978年返回巴基斯坦。

者应该在政治领域发挥更加重要的角色。侯赛尼本人视阿亚图拉霍梅尼为精神导师，主张建立以伊朗伊斯兰共和国为蓝图的政治体制，并得到了霍梅尼驻巴基斯坦正式代表的支持。① 这种主张引发了巴传统什叶派学者阶层的异议，但也吸引了不少什叶派年轻人加入到运动中来。

1985 年 7 月，时值《伊斯兰堡协定》签订 5 周年，巴西北部城市奎达的什叶派穆斯林举行阿舒拉哀悼活动，同时抗议政府一直没有兑现协定。在与政府军的冲突之后，双方有 30 多人死亡。这次事件促使 TNFJ 开始思考通过政党机制来参与巴基斯坦政治，为什叶派争取权利。1987 年，侯赛尼决定把 TNFJ 改组为一个政党，并正式发布声明，表明了组织的目标和宗旨。它提出，宪法和其他各项法律都应以古兰经和逊奈为基础，但是各个教派可以根据本派对古兰经和逊奈的解释进行自我管理。

伊朗革命后什叶派的活动让巴逊尼派非常警惕。TNFJ 的声明中大量使用的伊朗伊斯兰革命式的语言，虽然没有明确提出教派主义的要求，但主张各个教派可以对古兰经和圣训进行不同的解释，就等于否定了逊尼派作为多数的主导权。而建立伊斯兰军队的提议，很容易被解读为什叶派的武装野心。与此同时，受 TNFJ 影响的什叶派穆斯林在日常的宗教仪式、甚至衣着方面表现出的明显伊朗化趋势，更强化了逊尼派极端势力的疑虑，也引发了沙特更多的关注。1988 年，几位巴基斯坦什叶派政治领袖在麦加朝觐时被沙特当局逮捕，并驱逐出境。

① 关于侯赛尼的具体主张，参见“Pakistan's Shi'a Movement: an interview with Arif Hussaini”, Maleeha Lodhi, in Third World Quarterly, Vol. No. 2, 1988, pp. 806—17.

总的说来，在20世纪70年代末到80年代末这一时期，逊尼派和什叶派在思想和宣传领域的交锋不断，在旁遮普地区也陆续发生了一些小规模暴力冲突，关系日益紧张却保持着某种克制，直到1988年的吉尔吉特（Gilgit）事件为这种关系画上了句号，两派在教义上的细微差异最终发展成全面的政治冲突，并逐渐暴力化。

## 二、教派冲突的暴力化

吉尔吉特所在的北部边境地区与印巴两国存在国土争端的克什米尔地区毗邻，一直存在自治倾向。20世纪80年代，该地区的一些什叶派组织曾主张建立包括这一地区、西北边境省、以什叶派为主的旁遮普地区在内的喀喇昆仑省，并保持一定程度上的自治。教派冲突的激化，很大程度上也是当地逊尼派部族和中央政府对自治要求的一种反应。

1988年斋月临近结束时，吉尔吉特的两派穆斯林对于何时开斋意见分歧。因为什叶派学者观察到了新月，什叶派社团在逊尼派还在斋戒之时提前开斋，并举行庆祝活动。一些逊尼派认为这是有意的冒犯和挑衅，因而对什叶派发动攻击，双方爆发了枪战。到了冲突第五天，局势有所缓和，但是由数万名逊尼派极端分子组成的武装号称受齐亚·哈克将军派遣而来[①]，对多个什叶

① 有资料称巴基斯坦军方将本·拉登和他率领的武装部落民运往此地，由他们执行了对什叶派的这次杀戮。参见 B. Raman，“The Shia Anger”，in South Asia Analysis Group，http：//www. southasiaanalysis. org/papers9/paper810. html

派村庄进行了洗劫，导致 700 多人被杀。在什叶派看来，即使这支武装不是受政府调遣，政府对数量如此之大的武装集结没有予以关注和制止，已经说明它和逊尼派极端分子沆瀣一气。此后不久，TNFJ 的领导人侯赛尼在白沙瓦遇刺身亡。有什叶派认为暗杀是在齐亚·哈克指使下进行的，什叶派对政府的不信任日益加剧。

在一些什叶派穆斯林看来，吉尔吉特事件和侯赛尼被暗杀说明了什叶派借助政党政治的方式来表达和争取自己权利的努力是行不通的。相反，国家角色的缺失（在什叶派看来是国家与逊尼派极端分子的共谋）使得什叶派频频成为逊尼派极端活动的受害者，恐怖和武装手段开始成为什叶派表达诉求的另外一种出口。1988 年 8 月，齐亚·哈克因专机爆炸死亡，虽然事件的原因至今没有查明和公开，但很多人相信这是什叶派的一次报复行动，系机组中的一名吉尔吉特什叶派穆斯林所为。

但是，巴基斯坦的教派冲突会在这一时期走向全面暴力化的直接原因，主要在于地区局势发生的巨变。具体来说，20 世纪 80 年代后期地区政治斗争的变化、特别是阿富汗战争的结束，直接导致教派冲突的双方开始以暴力手段作为主要的对抗方式。1988 年 5 月苏联开始从历时近十年的阿富汗战场上撤军，曾作为重要外援参与阿富汗抵抗运动的大批“圣战者”陆续返回巴基斯坦。他们在阿富汗游击战争中掌握的军事技能和战斗技巧，以及在反苏氛围下培养起来的圣战观念，都成为巴国内教派冲突升级的推动力。穆罕默德军和吉汗维军两个极端主义军事组织的成立，以及此后双方互相袭击和暗杀的一系列事件，成为教派冲突的主要内容。

吉汗维军的成立与圣门弟子军有一定的关系。1989 年圣门弟子军领导人吉汗维在什叶派武装分子策划的报复性炸弹袭击中身亡。之后，新成立的什叶派武装组织穆罕默德军（Sipah-i Muhammad Parkistan，简称 SMP）不断采取行动，又有多位圣门弟子军的领导层在袭击中死亡。一部分成员认为圣门弟子军态度过于温和，没有继续遵循吉汗维设立的路线。他们从圣门弟子军中分化出来，自称吉汗维军（Lashkar-e-Jhangvi，简称 LJ），组成了一个教派主义的准军事组织。

吉汗维军的领导层和一些成员曾有在阿富汗从事反苏“圣战”的经验，在思想上倾向极端的教派主义。在沙特的经济支持和瓦哈比派的思想号召下，该组织迅速发展壮大，成为教派冲突的积极策划者和实施者。根据估计，仅在 1996 年到 2001 年间，它就参与策划了 350 多起针对什叶派的暴力袭击事件。[①] 2001 年，吉汗维军被巴基斯坦政府作为恐怖组织查禁，此后什叶派的强力报复让吉汗维军在 2002 年前后损失了 30 多位核心成员，但是它在政府触角不及的乡村地区仍然非常活跃。

在什叶派当中，侯赛尼去世之后，继任 TNFJ 领导人的萨基德·纳卡维（Sajid Naqvi）开始淡化伊朗意识形态的影响，将该运动改名为巴基斯坦加法里派教法运动（Tahrik-i Ja'fariyya Pakistan，简称 TJP），主张以温和路线化解教派间的紧张关系。但是巴什叶派内部存在多种力量，很难形成一致的权利目标和斗争

① Animesh Roul，“Lashkar-e-Jhangvi：Sectarian Violence in Pakistan and Ties to International Terrorism”，Terrorism Monitor，Volume：3 Issue：11，http：//www.jamestown.org/programs/gta/single/？tx _ ttnews [tt _ news] =497&tx _ ttnews [backPid] =180&no _ cache=1

策略，加上对政府的不信任根深蒂固，政党化的趋向并没有成为什叶派参与政治的主要手段。相反，更为激进的一些新组织开始出现，成立于 1992 年前后的穆罕默德军站在了教派斗争的最前沿。

穆罕默德军的大本营在拉合尔郊区的什叶派人口聚居区，主要由来自小城镇的青年宗教学生组成。自成立后，该组织在旁遮普、卡拉奇等地多次策划和实施反逊尼派的报复活动，暗杀或伏击了多名逊尼派政府高官和武装组织的领袖。外界一度认为穆罕默德军是 TJP 的青年支队，但是实际上两者并无联系。相反，穆罕默德军对 TJP 奉行的教派和解主张持批评态度，认为它未能保护什叶派不受逊尼派的武装侵袭。而 TJP 虽然不对穆罕默德军的武装活动进行明确的谴责，却一直谨慎地与之保持距离。不过，对一些极端逊尼派组织来说，这两个组织虽然采取的策略不同，其目的却都是要取代逊尼派在巴基斯坦的主流地位，因此都是自己的对手。

圣门弟子军和穆罕默德军虽然分属逊尼派和什叶派，但其组织架构和行动方式颇为相似。组织的领导层大多具有在阿富汗参加反苏游击战的背景，成员以中小城镇的青年学生为主。在冲突中，它们诉诸于暴力、暗杀的斗争手段如出一辙，但又对对方的暴力活动严加谴责。从组织动员和社会网络方面来说，双方都利用分布在各地的清真寺和宗教学校，以此作为招募新人、宣传极端主张的重要渠道。

两个组织制造了多起报复和杀害对方领导人、伏击普通成员、在对方清真寺设置炸弹的流血事件。每年什叶派传统的阿舒拉纪念活动期间，更是逊尼派对什叶派活动进行侵扰、什叶派随后对逊尼派进行报复的高潮。从 1988 年起，什叶派和逊尼派之间的恶性冲突不断发生，而且呈进攻、报复、反报复这样一个不断升级的恶性循环状态。在 TNFJ 领袖侯赛尼被暗杀之后，1989 年逊尼派组织圣门弟子军的领导人吉汗维被暗杀；1990 年逊尼派极端组织在拉合尔暗杀了伊朗使馆文化专员；1991 年圣门弟子军的另外一名领导人被暗杀，此后又有 18 名成员在吉尔吉特被杀；1992 年白沙瓦什叶派的阿舒拉节哀悼活动受到逊尼派极端分子的骚扰，冲突中 15 人遇难，1994 年 1 月穆尔坦的一座什叶派清真寺遇袭，6 人死亡，21 人受伤；此后一个月中，旁遮普地区发生 5 起两派互相报复的暗杀事件；1995 年，卡拉奇等地 4 个什叶派清真寺先后被攻击，逾 40 人死亡，1996 年 8 月，圣门弟子军的 12 名成员在卡拉奇被杀；9 月两派在潘杰纳尔（Pachinar）发生冲突，逾 200 人被杀……。流血事件一桩接着一桩，死亡人数越来越多。

1996 年塔利班组织在阿富汗掌握了政权。塔利班与巴国内极端逊尼派组织的密切联系及相互支持，使教派冲突变得更为复杂。

塔利班的主要成员是逊尼派普什图族穆斯林，在意识形态上奉行瓦哈比派路线，对什叶派持严苛的排斥态度。在阿富汗掌握政权之后，他们以自己对伊斯兰教狭隘的理解为依据，对其他派别的穆斯林进行了残酷迫害。仅 1998 年攻占麻扎尔沙里夫城后，就处死了大约二千名在民族和信仰上有所区别的哈扎拉族（Hazara）什叶派成年男子。什叶派被迫大批逃离塔利班控制区，奎达等本来就有大批巴基斯坦哈扎拉族居住的地方成为难民的首选。①

塔利班并未因此放弃行动，它与巴逊尼派极端组织圣门弟子军、吉汗维军等联手，在两国接壤的西北边境地区活动频繁，在奎达、亨古等地策划了多次针对什叶派的恐怖袭击活动，造成大批无辜平民伤亡。比如，2002 年，奎达的 12 名哈拉扎族什叶派警察被枪杀；2003 年奎达的什叶派大清真寺遭袭，53 人死亡；2004 年 3 月，奎达另外一座什叶派清真寺遇袭，47 人死亡；5 月，卡拉奇什叶派的阿里·礼萨清真寺受吉汗维军自杀式炸弹袭击，40 多人死亡。2009 年阿舒拉节哀悼活动期间，卡拉奇的 40 多名什叶派因自杀式炸弹袭击身亡；2009 年 2 月，塔利班组织伏击了一辆什叶派学生乘坐的校车，3 名儿童被杀，还有 6 名被绑架。

可以说，塔利班卷入巴基斯坦的教派冲突，使得教派冲突不断扩大化。在 1997 年之前，成为暗杀袭击目标的，主要是双方在宗教和政治领域的领导阶层，或是任职于政府的公务人员，比如警察、法官等等。但 1997 年后涉及范围不断扩大，一些并不参与教派斗争的有名望人士，比如医生、律师、商人、知识分子、技术人员也成为暗杀的对象。汽车炸弹、自杀式炸弹的使用，更使得大量无辜的平民成为牺牲品。近年来，过去多针对什叶派的恐怖袭击事件，也出现向苏非派、逊尼派中的大众派巴尔

---

① 麻扎尔沙里夫是阿富汗第四大城市，攻占该城是塔利班在阿富汗建立统治的关键一步。在巴基斯坦逊尼派极端组织协助下，塔利班成功地控制了该城，并对什叶派居民进行了清洗式屠杀。攻占该城后不久，巴基斯坦政府即承认了塔利班政权，是全球三个曾正式承认塔利班政权的国家之一。

维派（Barelvis）蔓延的趋势。2007—2009年，白沙瓦一地就发生了四次针对苏非派圣地的袭击事件。而在过去的一年中，拉合尔、帕克帕坦、白沙瓦和卡拉奇等地都有重要的苏非派场所受到攻击，数十人因此而丧生。① 正如国际危机组织（International Crisis Group）在一份报告中所指出的，“事实上，教派主义已经成为巴基斯坦恐怖主义活动的主要源泉”。②

## 三、教派冲突与地区安全

巴基斯坦逊尼派和什叶派的教派冲突经历30年并无平息之势，却越演越烈，日渐走向暴力化和国际化的道路，其原因首先是内在的。巴基斯坦是为穆斯林民族建立的“清真之国”，但是从分治到今日，对于试图作为全体国民共识并分享的认同体系——伊斯兰教的定义上，却分歧重重。与此同时，国家又时常无法使用国家机器的力量来推动和维护内部的统一。在事关国家主权的领土完整方面，巴基斯坦政府时常需要教派主义组织的协助来达成目标。为了遏制和预防地方分裂主义的影响，在国家力量无法企及的边境或是部落地区，比如俾路支斯坦，临近阿富汗的西北边境地区以及旁遮普地区，中央政府都选择支持宗教极端主义组织来巩固领土完整。与印度在克什米尔争锋的过程中，一些

① Animesh Roul, “Pakistani Taliban Continue Their Campaign against Sufi Shrines”, Terrorism Monitor, Volume: 9 Issue: 16, April 22, 2011.

② International Crisis Group, State of Sectarianism in Pakistan, Brussels: International Crisis Group, 2005.

奉行极端思想和恐怖主义行动策略的教派主义组织也受到政府的支持。

与此同时，作为巴主要政党的巴基斯坦人民党和穆斯林联盟各自为政，常常根据需要在选举和政治斗争中对不同的教派主义组织进行拉拢、利用或是打击。这些做法不仅不可能从全局的角度解决教派冲突问题，反而使得从某些特定地区开始的教派主义组织全国化，助长了其影响力。在这种一方面利用教派主义组织，一方面又想遏制其内耗的情况下，查禁教派主义组织、制止教派冲突和恐怖袭击的举措基本无果而终。不论是逊尼派还是什叶派极端组织，通常在被禁后更换名称继续活动。

不过，应该注意到的是，巴基斯坦教派冲突的暴力化主要是20世纪后期国际政治和地区政治变动、多种势力竞相介入巴基斯坦的直接结果。由于国家本身的虚弱，加上所处的特殊战略地位，巴基斯坦不仅易受周边政治局势的冲击，而且易于被外来的各种力量所影响，使得一国之主权领土变成外来力量角逐的战场，本属一国事务之教派冲突成为代理人战争。正如前文所述，沙特、伊朗、阿富汗和印度，从伊朗伊斯兰革命爆发、阿富汗战争结束、塔利班掌握政权到美国反恐战争的开展，这些重大的国际政治事件都对巴国内的教派问题产生影响。

在冲突频发的乱局中，沙特和伊朗的影响尤其不可小觑，巴国内的教派冲突在很多时候就是这两国的代理人战争。具体来说，一方面是伊朗对巴基斯坦什叶派的支持，另外一方面是以沙特为代表的意图遏制伊朗地区影响的阿拉伯国家对逊尼派的支持。沙特在经济方面为巴政府提供了大量的支持，也向逊尼派极端组织从意识形态和物质上提供了大量的援助。当时身陷两伊战争的伊拉克也曾为巴逊尼派提供支持，并煽动反什叶派的情绪。巴国内反对什叶派的宗教著作层出不穷。这些作品不仅斥责什叶派是异端，而且认为伊朗革命本身就是犹太复国主义的阴谋，什叶派就是犹太人派到伊斯兰世界的第五纵队。

因而，巴基斯坦逊尼派和什叶派之间的冲突和矛盾，时常是沙特和伊朗两国矛盾的体现，或是向巴政府外交活动施压的手段。逊尼派极端组织曾多次对伊朗驻巴外交人员实施暗杀，或是在伊朗和巴基斯坦致力于修复双边关系的紧要关头策划针对什叶派的暴力事件。

20 世纪末期以来，沙特和伊朗对巴基斯坦极端组织的支持都有所减弱，但继之而起的是阿富汗塔利班组织的影响。众所周知，塔利班的出现本身就和巴基斯坦有关。苏联入侵阿富汗之后，上百万阿富汗人逃往巴基斯坦。巴基斯坦的伊斯兰学者联合会一边为难民提供社会福利，一边开展宗教教育，提供军事训练。这些活动得到了沙特在资金和人员方面的支持，瓦哈比派思想和迪奥班迪派思想借此传播，培养出了日后塔利班的中坚力量，其中一些人更成为领导成员，并与巴逊尼派极端组织保持着密切的联系。苏联撤军之后，美国对阿富汗兴趣骤减。为了防止阿富汗与伊朗、特别是印度建立过于密切的关系，巴基斯坦以在阿富汗建立一个受巴影响的政府为目标，活动非常积极，其军队和情报系统在培训塔利班人员方面发挥了重要作用。在塔利班掌权后不久，巴基斯坦即予以承认，是全球仅有的三个曾承认塔利班政权的国家之一。在塔利班掌握阿富汗政权期间，吉汗维军等逊尼派组织的训练营地就坐落于喀布尔郊区。

“9·11”事件之后，美国出兵阿富汗推翻了塔利班政权，但是塔利班的影响一直存在，并不断向巴基斯坦渗透。巴军方虽然与美国联合反恐，却因战略目标不一，并未停止在某些方面对塔利班的援助。[①] 在西北边境地区的巴基斯坦普什图族人中间，也出现了多个和阿富汗塔利班组织有联系的本土塔利班组织。在政府力量无法企及的部落地区，一些塔利班组织更是建立了自己的统治，推行塔利班版本的伊斯兰教法。事实证明，利用恐怖组织达成自己政治目标的做法，不仅不可能维护自己的国家利益，最终只会引火烧身，带来更大的危害。

此外，作为近邻和对手的印度，对巴基斯坦的教派冲突也没有袖手旁观。一方面印度是迪奥班迪派大本营，有不少的知名学者和宗教学校从事反什叶派的宣传和培训工作。另外一方面，从政府组织层面来说，有资料证明印度的情报部门——曾积极策划孟加拉从巴基斯坦分离的印度研究与分析部（Research and Analyisis Wing，RAW）也卷入了巴基斯坦的教派冲突，有选择地对一些教派主义组织予以支持。

在受到外来影响的同时，与教派冲突有关的恐怖主义组织也有很强的对外联系和辐射性，其影响已涉及到周边国家和地区。1994 年 6 月，为了给被暗杀的吉汗维复仇，圣门弟子军直接在伊朗领土上发动了秘密战争。位于伊朗马什哈德的什叶派宗教圣地伊玛目礼萨陵墓受到炸弹袭击，26 人被杀。由于逊尼派极端主义组织普遍与阿富汗塔利班组织有着密切的联系，在塔利班组织对阿富汗国内的哈扎拉族什叶派穆斯林的迫害中，得到了巴基

---

① Shireen Hunter，“Failure in Afghanistan：Blame Allies’ Conflicting Goals”，Huffington Post，July 5. 2010.

斯坦逊尼派极端势力的支持，而在大量哈扎拉族什叶派逃亡巴基斯坦之后，这些组织又针对难民发动了多次袭击。吉汗维军在支持塔利班与北方联盟作战时，还与乌兹别克伊斯兰运动组织（Islamic Movement of Uzbekistan，IMU）建立了非常密切的合作关系，协助 IMU 培训女性自杀炸弹，对什叶派清真寺进行攻击。

总之，巴基斯坦内部政治体制不稳和社会矛盾使得它易受外界的影响，进而使主权国家成为外来力量博弈的战场。教派冲突中的各方与外来力量相利用相结合，使得教派冲突愈演愈烈，并日益走向全面暴力化的道路。这不仅是巴基斯坦政治稳定和社会发展的巨大障碍，也为地区安全局势增加了更多的不确定因素。

# 深陷困境的巴基斯坦反恐

肖建明[①]

“9·11”事件至今已过去 10 周年了。当初坚决支持美国反恐行动的巴基斯坦的国家安全形势并没有因为加入美国的反恐联盟而有所改善。相反，巴基斯坦建国后出现过的各种民族矛盾、宗教冲突在这十年里变得更加严重，恐怖袭击事件更加频繁，巴基斯坦国内局势更加动荡。

2001 年的“9·11”事件之后，时任总统的穆沙拉夫决心从国家的长远利益出发，带领巴基斯坦投入到美国的国际反恐战争当中。他不顾国内保守势力的强烈反对，做出了两个关系巴基斯坦生死存亡的重大决定：一是全力配合美国反恐；二是与已成众矢之的的塔利班彻底“一刀两断”。就是穆沙拉夫的这两个决断，使巴基斯坦与美国迅速靠近，一直不承认穆沙拉夫的美国也开始支持其政权，还在 2004 年授予巴“美国主要非北约盟国”的头

---

① 肖建明，昆明学院—滇池泛亚合作战略研究院。

衔。巴基斯坦在追随美国的国际反恐战略中，与美国密切合作，可谓立下了“汗马功劳”。但正是巴基斯坦政府的这种决策，使巴基斯坦濒于崩溃的边缘，名列美国的“失败国家排行榜”前列，足以和索马里、阿富汗等相提并论。[①] 从此，巴基斯坦开始在别人的反恐战争中苦苦挣扎。

## 一、反恐使巴基斯坦深陷恐怖主义泥潭

巴基斯坦反恐的主要对象就是自己扶植的塔利班势力。1995 年 9 月，塔利班在阿富汗掌权。阿富汗塔利班政权上台前后，巴基斯坦始终是它政治和经济上的支持者。1997 年 5 月，巴基斯坦第一个承认塔利班政权。“9·11”恐怖事件之后，巴基斯坦又是世界上唯一没有和塔利班断交的国家。巴基斯坦政府之所以对塔利班施以援手，主要是期望在阿富汗建立一个亲巴政府，消除巴—阿边界冲突的根源，特别是为与印度的克什米尔争端建立巩固的后方，拓展战略回旋余地。随着美国在阿富汗发动反恐战争以来，打击恐怖主义的矛头就直接对准阿富汗塔利班政权，与阿富汗关系密切的巴基斯坦面临着非常大的压力。即便是在这种压力下，巴外交部发言人表示不会与阿富汗塔利班政权断交。巴基斯坦的英文报纸《新闻报》援引这位发言人的话说，伊斯兰堡是塔利班观察外面世界的“窗口”，与阿富汗塔利班保持外交关系，可以使塔利班政权与国际社会保持接触。

① 沈旭晖：《巴基斯坦的“反恐内战”》，载《南风窗》2010 年 9 月 3 日。

阿富汗是巴通向中亚的必经之路，阿富汗的和平是巴基斯坦“西进外交”的关键因素和先决条件。随着苏军撤出阿富汗和冷战结束，巴基斯坦政府认识到要实施新的发展战略，于是构筑了巴基斯坦的“西进外交”战略：加强与阿拉伯国家的传统友好关系，进一步密切同伊朗和土耳其关系的同时，积极发展与中亚国家的关系，制衡印度、构建战略纵深以避免在上世纪 60、70 年代出现的东西两面腹背受敌的窘境。

塔利班和巴基斯坦有着千丝万缕的关系。2009 年 4 月 23 日，美国国务卿希拉里在国会作证时说，今天的对手塔利班就是 20 年前（20 世纪 80 年代），美国资助来对付苏联在阿富汗的势力。5 月 11 日，扎尔达里在接受 NBC 电视台采访时说得更直接了：当年就是美国中央情报局和巴基斯坦三军情报局，合谋催生了塔利班。当初是巴基斯坦的“边境警察”为塔利班军队提供训练，巴基斯坦三军情报局参与了塔利班后来发展阶段的组织培训工作。巴基斯坦政府还为阿富汗塔利班提供资金支持。仅 1997 到 1998 年间，巴基斯坦就向塔利班政权提供了 3000 万美元的援助。

长期以来，以军人集团为代表的历届政权在应付巴基斯坦内外矛盾时打宗教牌，推行伊斯兰化政策，利用伊斯兰教消弭国内地方民族情绪和分裂主义，利用伊斯兰和极端组织影响阿富汗和印度形势。在这种战略观和安全观影响下，巴基斯坦同情、支持诸如塔利班这样的极端组织。随着形势变化，这些与巴强力机构有着复杂关系的组织犹如脱缰之马，逐渐脱离当局掌控，背离其设定的目标和轨道，且不断反噬其“恩主”。事实证明，来自塔利班的逆流正在试图使巴基斯坦“塔利班化”。结果不是塔利班为巴基斯坦提供战略腹地，倒是巴基斯坦在为塔利班提供战略腹地。参与以美国为首的反恐战争表明巴基斯坦经营多年的战略大后方瞬间不复存在。

“9·11”事件后，美国在阿富汗发动反恐战争，在不到2个月的时间内，美国军队就推翻了阿富汗塔利班政权，但塔利班的实力并没有被彻底击溃，其残余势力转入阿富汗和巴基斯坦交界的地区，部分越过边界向巴基斯坦境内渗透，并最终在巴西北部部落地区拥有了相当的势力，有着“南亚瑞士”之称的斯瓦特山谷地带就是巴塔利班最牢固的控制区域之一。《纽约时报》说，巴基斯坦西北边境的斯瓦特山谷及其周边地区，早已变成一个“无法无天的国中之国”。越境的阿富汗塔利班在巴基斯坦形成了一条“看不见的战线”，使巴基斯坦从反恐战争的前沿变成了反恐主战场。据估计，在斯瓦特山谷目前大约六千至八千名塔利班武装分子，人数比以往增加了一倍。①

巴基斯坦塔利班一开始只是一个非常松散的联盟，多是出于对巴政府的不满走到一起的。直到2007年年底，在马哈苏德的领导下，“巴基斯坦塔利班运动”正式成立，巴基斯坦塔利班才作为一支独立力量正式亮相，其影响力开始扩大。马哈苏德于2001年阿富汗塔利班政权垮台后回到巴基斯坦部落地区，并于2005年与巴基斯坦政府达成协议，承诺不再庇护基地和塔利班分子，从而取得了该地的管理权。马哈苏德领导的“巴基斯坦塔利班运动”，控制着北瓦济里斯坦和南瓦济里斯坦的绝大部分地

① 《南亚局势波谲云诡》，香港《大公报》，2009年4月27日。

区以及阿富汗边境的其他部族地区，成员不下1万人。[①] 该派别是唯一得到“基地”全天候资助的巴塔利班力量。目前，巴塔利班控制着西北边境省联邦直辖部落区、省直辖部落区的一部分和半部落区的一部分，总计占有四万平方公里土地和约五百万人口。

巴西北部部族地区群山环绕，沟壑纵横，地势险要，是可攻可守、攻防兼备的战略要地；长期以来，该地区处于失控状态，部族长老至高无上，部族拥有高度自治权，实行部落传统法，巴基斯坦国家的600多条法律，只有44条在部落区适用，且不能完全实行，警察在部落地区也没有执法权；另外，当地居民为普什图族人，塔利班与之有着相同的民族背景，因而有利于塔利班藏匿其间。塔利班势力进入以来，利用当地经济文化落后，极端宗教意识形态盛行，反美情绪强烈等因素，对该地区采取了强硬与怀柔相结合的两手政策。对个别听命于政府的长老从肉体上消灭，对支持塔利班的长老则千方百计安抚。与此同时，塔利班还做了许多扶贫慈善事业。塔利班长期在这些地区活动，建立了一定的群众基础，得到当地百姓拥护。因此，巴政府清剿塔利班的行动很难得到部族长老和当地民众的支持，这就使进行彻底的清剿变得难度很大。2009年，巴基斯坦军方发动了两次大规模的集中行动，于4月26日和10月17日开始分别针对斯瓦特地区和南瓦济里斯坦地区的塔利班展开“黑雷”行动和“拯救之路”行动。但两次行动的效果都不太好，反而是进一步激化了塔利班反政府、反社会的情绪。在“拯救之路”行动之后短短的一个多

---

① 唐孟生：《巴基斯坦反恐任重道远》，《南亚研究》2010年第1期，第47页。

月的时间内，巴基斯坦各地已发生各种恐怖袭击事件 12 起，共造成 233 人死亡，近 500 人受伤。这种状况已给巴基斯坦国内造成极大的社会动荡，从而引发了人民群众对政府的不满情绪。

10 年前，美国只用了不到 2 个月的时间就将阿富汗塔利班政权击碎，但 10 年过后，人们发现，塔利班已经度过了它最艰难的时期，而且影响有所扩大，不仅阿富汗的塔利班生存了下来，巴基斯坦的斯瓦特山谷、南瓦济里斯坦、北瓦济里斯坦地区都出现塔利班势力。巴基斯坦塔利班的发展壮大，虽然不意味着塔利班即将夺取巴基斯坦政权，但却是塔利班势力的不断扩张，也表明巴基斯坦正在“塔利班化”。“当每个城市都有一个红色清真寺，而居民们都害怕抗拒其法令时，塔利班化就开始了”。[①] 正如巴基斯坦总统穆沙拉夫 2007 年 8 月 12 日在首届巴基斯坦阿富汗两国联合部落大会闭幕式上承认的那样，“巴基斯坦正面临三方面问题。第一，也是核心问题，是武装组织不断制造暴力活动和冲突；第二，一些武装组织在意识形态上出现塔利班化和其他极端主义倾向；第三，一些人同情塔利班并接受了极端主义思想”。[②] 为寻求妥协，巴军方于 2009 年 2 月中旬与塔利班签署了和平协定，塔利班获准在斯瓦特山谷地区实行伊斯兰教法，但此举并未有效阻止塔利班扩张地盘的势头。

① 《谁应为巴基斯坦“塔利班化”负责?》，《时代周刊》，2009 年 5 月 19 日。
② 《穆沙拉夫誓言铁腕反恐》，《网上南国早报》，2007—08—14

## 二、反恐战争摧毁了巴基斯坦的经济

塔利班屡剿不灭，巴政府实在是有难言之隐。为了自保，巴政府甚至不顾美国的反对，与塔利班武装分子签署和平协议，以换取片刻安宁。因为相当多的巴基斯坦民众认为，发展经济才是巴基斯坦的当务之急。因为，巴基斯坦在追随美国的南亚反恐战争后，国内的经济形势也濒临崩溃的边缘。据巴基斯坦《黎明报》3月6日报道，巴基斯坦社会政策和发展中心（SPDC）日前发布的《2009—10财年安全危机的社会影响》报告指出，巴反恐战争的高昂支出给巴社会和经济带来了沉重影响。巴基斯坦国家银行的统计显示，2008财政年度巴基斯坦外国直接投资总额约为52亿美元，同2007财年相比下降了38.4%。多年的反恐也给巴政府带来了极大的消耗。巴财政部资料显示，巴反恐战争支出已经从2007—2008财年的3800亿卢比剧增至2009—2010财年的8400亿卢比。自2004年以来，巴政府共花费近2.1万亿卢比（约合200亿美元）进行反恐，反恐期间遭受的直接和间接损失高达2.08万亿卢比（约合200亿美元），反恐战争支出是其接受国外双边援助额的三倍还多。[①] 巴总理吉拉尼说，恐怖主义已成为巴经济发展的最大障碍。

一方面，反恐战争和恐怖袭击给巴社会发展和稳定带来巨大

---

① 《巴基斯坦反恐战争支出高昂》，中国驻巴基斯坦使馆经商处，http://pk.mofcom.gov.cn/index.shtml

压力，造成数以百万计的人员流离失所。另一方面，遭受反恐战争拖累和恐怖袭击困扰的巴政府无力顾及民生和社会发展问题。在刚刚通过的巴基斯坦2010至2011财年预算方案中，只有军费和涉及反恐的预算有所增加，其他诸如医疗、卫生、教育等方面的投入均有所下降。而贫困和教育的落后反过来势必会为恐怖势力的滋生和蔓延提供土壤。

《联合早报》刊文说，“巴基斯坦还处于美国领导的反恐战争的最前线，恐怖袭击频繁，令外资几乎跑光。据巴基斯坦国家银行统计，2009至2010财政年度的头7个月，外商对巴直接投资同比下降了13%。其外汇存底只剩81.4亿美元，创历史新低，加之即将有数十亿美元的外债到期，显示巴基斯坦已经濒临破产。全球知名信用评级机构‘标准普尔’已将巴基斯坦债信级别下调为CCC+，这是仅高于破产的评级。”①

为了稳住巴基斯坦这个反恐盟友，从2002年至2009年2月，美国共为巴方提供价值123亿美元的援助，使巴基斯坦已成为接受美国经济援助最多的国家，美国对巴基斯坦的政治努力、资金和人力资源投入几乎是对阿富汗的30倍。2009年10月，美国众议院日前批准通过《克里——卢格法案》（即《2009年巴基斯坦援助暨合作持续促进法》），同意将对巴基斯坦非军事援助增长3倍，即在今后5年内每年向巴提供15亿美元的援助，条件是要求巴基斯坦停止支持国内恐怖团体，并确保军方不干涉文官政治。由于美国国会对长期以来巴基斯坦滥用美国的民事援助

① 《巴基斯坦或比冰岛还早破产》，《联合早报》，2008年10月10日，http://www.zaobao.com/special/newspapers/2008/10/hongkong081010i.shtml.

经费和物资感到失望，于是决定对新一期价值75亿美元的援助进行密切监控，这遭到了巴基斯坦的严厉批评。美国国会的这种态度和行为让巴基斯坦更加相信美巴两国之间完全是一种交易型的外交关系。美国《纽约时报》2010年10月6日刊登记者简珀莱兹一篇题为《美在巴基斯坦推行扩张遭遇阻力》的文章，认为美国此举是在巴基斯坦推行扩张计划。

中国驻巴基斯坦大使刘健出席在巴基斯坦首都伊斯兰堡开幕的为期两天的2010“巴基斯坦发展论坛”闭幕式上讲话时，也提到巴基斯坦目前的困境，“巴是国际反恐前线国家，为国际反恐斗争做出了重要贡献，同时社会经济发展也付出沉重代价。国际社会应继续向巴提供大力支持和帮助，尽早兑现援巴承诺，在尊重巴独立、主权和领土完整，充分听取和尊重巴方意见的前提下，继续向巴灾后恢复和重建、实现社会经济可持续发展提供实质性支持”。①

巴基斯坦主流英文媒体《黎明报》2010年11月15日报道，巴基斯坦内政部长马利克在出席“巴基斯坦发展论坛”时表示，巴基斯坦与恐怖主义的斗争已持续了近三十年，并已在其西部边境地区对恐怖势力进行了有效打击，希望国际社会免除巴基斯坦500亿美元的外债。

巴基斯坦面临的持续危机，耗尽了巴基斯坦的综合国力，将导致国家体制和凝聚力的逐渐崩解。近年来巴基斯坦几乎将财政开支的1/5用于军队，严重挤占了社会发展所需要的资源，使得

---

① 《刘健大使出席“巴基斯坦发展论坛”闭幕式讲话稿》，中华人民共和国驻巴基斯坦伊斯兰共和国大使馆网页，http://pk.chineseembassy.org/chn/zbgx/t769715.htm 2010-11-17

“半民主化的”巴基斯坦直到现在也未能建立起完善的政治体制和现代社会制度。巴基斯坦先是陷入“混乱的民主十年”，紧接着陷入反恐战争泥潭而无法自拔，国家实力大为削弱，战略资产和精力更多地被倾注到恐怖引起的内部安全问题上。20 世纪 90 年代末期，这种恶果越来越明显并且逐步扩散，致使巴基斯坦经济摇摇欲坠，处于崩溃的边缘。

而纵观印度，自 20 世纪 90 年代实施经济改革以来，印度经济快速发展，综合国力持续增强，军事实力突飞猛进。“9·11”事件给了印度极大的外交机会，迫使当时的巴基斯坦军政权不得不在美国和塔利班之间选择前者。印度趁机利用这种千载难逢的外交机会，加紧逆转巴基斯坦多年“战略纵深”外交的结果，使得巴基斯坦在南亚权力结构中的地位持续下降，印度一强独霸局面业已形成。

## 三、反恐战争恶化了巴美关系

反恐是美国在巴基斯坦的利益支点所在，也是美巴关系的基石。自 2001 年巴基斯坦穆沙拉夫政府加入美国的反恐联盟以来，巴基斯坦的反恐战争就成了美国发起的全球反恐战争的一部分。2009 年 12 月 1 日，美国总统奥巴马宣布了美国对阿富汗新战略，将反恐重心从伊拉克转移到阿富汗，使巴基斯坦的反恐战争又与美国对阿富汗的反恐战争密切相关，美国的阿富汗反恐战争不结束，巴基斯坦的反恐战争就得继续打下去。

为配合美国打击塔利班的战略，巴政府在 2009 年多次展开大规模清剿国内塔利班武装分子，试图把本国内的塔利班武装分子打压到阿富汗境内，形成双方夹击之势。特别是在 2009 年 10 月开始并持续到 12 月初，巴军方发动对塔利班“老巢”南瓦济里斯坦第 4 次大规模围剿，行动之中有近 600 名武装分子被打死，而塔里班则报以一系列恐怖袭击，致使巴基斯坦被称为 2009 年度最令人恐惧的国家之一。美国《纽约时报》2010 年 1 月 13 日报道，伊斯兰堡独立安全问题研究机构巴基斯坦和平研究所发布的报告显示，2009 年武装分子在巴基斯坦发动了 87 次自杀式袭击，有 3021 名巴基斯坦平民死于暴力袭击，甚至超过了阿富汗平民丧生总数。（据联合国同日出台的一份报告称，有 2412 名阿富汗人 2009 年在暴力冲突中丧生。）[①] 美国对阿新战略的直接后果导致更多塔利班武装分子越过阿巴边境进入巴基斯坦部落地区。巴基斯坦的安全负担更重，反恐任务更严峻。

尽管如此，美国对巴基斯坦这个反恐盟友还是“自上而下”地不信任。美国舆论认为，美国对巴基斯坦的不满日渐增加。2009 年 10 月，国务卿希拉里公开批评了巴基斯坦在逮捕本国“基地”组织领导人方面的不力。12 月 7 日，国家安全顾问詹姆斯·琼斯在《纽约时报》上表示美国会继续派遣更多的“掠夺者”无人机进入巴基斯坦，尽管在巴基斯坦领土内部署地面部队会比进行无人机空袭更容易激起巴基斯坦民众的敌对情绪，但是如果有必要的话，美国会再次采取单方面的地面行动。有美国官员私下批评巴方追剿“基地”残余“出工不出力”，指责巴军方与部落武装签署停火协议导致驻阿富汗美军受袭频率大增；指责

---

① 《环球时报》，2010 年 01 月 14 日。

巴方仍不同意美军进入其领土围剿“基地”组织。所以，奥巴马政府提出的阿富汗新战略强行授权，美军可以在没有获得巴基斯坦官员允许的情况下在巴基斯坦境内发动袭击，这对刚刚就职的扎尔达里来说，无疑是一个最大的难题。

巴基斯坦国内很多人把动荡的根源归结到美国的反恐斗争。美国的公开行动中最激起巴基斯坦人反感的就是派遣无人机对巴基斯坦国内的塔利班武装进行空袭。美国多次派遣美军无人飞机越境打击武装分子的行动已经引起了巴国民众的反感，也引起了塔利班武装分子对巴政府的仇恨。转而通过恐怖袭击对巴政府进行报复。一些公开资料表明，当塔利班武装开始入侵斯瓦特地区以后，巴基斯坦高级官员已经默许了美国的空袭。无人机在巴基斯坦取得一些成果的同时，也误伤了不少巴基斯坦平民。有资料表明，自 2008 年 8 月以来，已有 400 多人在空袭中丧生。巴政府多次向美方提出抗议，很多巴基斯坦人也认为这是国家主权丧失的标志，要求美国尊重巴基斯坦主权和领土完整。巴基斯坦的英文媒体始终对美国的空袭持批评态度，媒体基本上客观地反映出了大多数巴基斯坦人的态度，大量的民意调查显示，75%－90%的巴基斯坦民众反对美国的无人机空袭。[①] 据世界民意网（World Public Opinion. org）2009 年 5 月 17 至 28 日在 1000 名巴基斯坦成人中所作的调查显示，尽管绝大多数认为巴基斯坦塔利班和基地组织一样，是巴基斯坦国家安全的主要威胁，但仍有 2/3 的巴基斯坦人反对美国介入巴基斯坦的反恐战争。巴基斯坦

① 知远：《巴基斯坦：动荡之源》，《中国江苏网》，2010 年 09 月 02 日 http：//mil. news. sohu. com/20100902/n274660921. shtmlHYPERLINK “ http：//mil. news. sohu. com/20100902/n274660921. shtml”

国内的宗教极端势力由来已久，当局本来可以采取措施逐步限制、取缔它们。但美军在该地区的反恐迫使当局加大打击力度，激化了双方的矛盾，再加上阿富汗渗透过来的一些残余武装，这造成了巴基斯坦的动荡不安。

美国在南亚地区的利益决定了巴美关系始终处于不稳定状态。冷战时期，美国把巴基斯坦视为抗苏前线国家，因此给予大量经济和军事援助。冷战结束后，后者战略地位下降，加之核试验等原因，美国等西方国接连对巴基斯坦实行制裁。美国为了实现其新的战略目标，转而实行亲印疏巴的南亚政策。多年来，美国对巴基斯坦的实用主义政策激起该国上下强烈的反美情绪。“9·11”事件后，作为阿富汗的近邻和塔利班的支持者，巴基斯坦的战略地位再次提升，巴美关系也再次升温。但是，在巴基斯坦民众心目中，美国人总是过河拆桥，毫无信誉可言。而美国等西方国家在巴以问题上的立场以及对穆斯林的政策，更加深了巴基斯坦极端势力对美国和西方人固有的仇恨。在这种情况下，2011 年 1 月 12 日，美国副总统约瑟夫·拜登访问巴基斯坦，会晤总理优素福·拉扎·吉拉尼，宽慰巴基斯坦民众，称美方不将反恐战争强加于巴基斯坦，而是期待加强与巴反恐合作，平息巴基斯坦民众的反美情绪。

## 四、结论

巴基斯坦自觉不自觉地卷入旷日持久的阿富汗战争，以至整个政治生活和社会面貌都发生了重大改变，任何一届政府上台都会面临剪不断理还乱的各种麻烦。腐败、枪支泛滥、暴力事件层出不穷，这一切使巴基斯坦社会变得更加混乱和脆弱，使得巴基斯坦二十多年惨淡经营的国际战略结局仍然看不到一线胜利的曙光。在过去很长一段时间内，国内外对巴基斯坦塔利班化的公众批评越来越强烈。“9·11”恐怖主义事件的发生，在相当程度和范围内对整个世界局势和国际格局产生了重大影响，更为巴基斯坦提供了一个新的机遇，促使它改变长期以来对塔利班的扶持政策，从那种羊肉没吃到反惹一身骚的泥沼里拔出脚来，与美国和西方社会重新修好，从而获得巨大的政治和经济利益。巴基斯坦政府抓住了这个历史机遇，宣称“和美国以及国际社会站在一起，打击恐怖主义将使巴基斯坦成为一个负责任和有尊严的国家”。巴基斯坦政府支持美国打击恐怖主义的态度是明确的，同时也在开始构想未来巴基斯坦—阿富汗关系的蓝图，以维护巴基斯坦在南亚地区的持久利益。

# 国际体系中的恐怖主义——国际恐怖主义泛滥的体系层次原因探析

赵广成[①]

战后特别是冷战结束以来，恐怖主义活动越出国界并迅速蔓延，成为一种影响深远的国际现象。国际关系是以“国际体系”的方式存在的，[②] 国际关系研究的任务是探讨体系层面现象的原

① 赵广成，西北大学中东研究所讲师，国际关系专业博士。

② 根据赫德利·布尔（Hedley Bull）的经典定义，“当两个或更多的国家之间有着足够的往来，并且对于彼此的决策有着足够的影响，从而都——至少在某种程度上——作为一个整体的部分行事时，就形成了一个国际体系。而当它们认识到某种共同利益和共同价值观时，会自认为在相互关系中受一些共同规则的约束，并且会合作参与到共同制度的运作中去，从这个意义上讲它们形成了一个国际社会。”参见 Hedley Bull，The Anarchical Society：*A Study of Order in World Politics*，$2^{nd}$ edition，New York：Columbia University Press，1977. pp. 9－13。这就是说，国际关系的基本存在方式是“国际体系”，而当行为体之间形成共同利益和价值观时，国际体系会进一步演变成“国际社会”。因此，当我们研究国家间关系的演化时，国际体系是一个必要甚至必须的视角。

因。[①] 根据国际关系研究的层次分析法，国际现象可以从内到外划分为个人、团体、政府、社会、国家和国际体系 6 个层次。[②] 国际恐怖主义作为一种错综复杂的国际现象，其原因可能同时存在于所有 6 个层次上。[③]

本文为了实现研究的方便和简约，致力于揭示国际恐怖主义泛滥的体系层次原因，其他层面的因素则被设为常量。因此，下文论述将分四部分展开。首先梳理国际体系的定义及其结构和变化机制，然后考察全球国际体系的演变历程和当今国际体系的结构性变化，接着分析国际体系结构变化导致的国际秩序变迁，最

---

① 在国际关系研究中，原因和现象实际上就是自变量和因变量的关系。肯尼斯·华尔兹（Kenneth N. Waltz）曾经根据自变量所在的层次，将国际关系理论分为体系理论（systems theory）和还原理论（reductionist theory）两种。体系理论选定的自变量在国家间关系的层面上，还原理论的自变量则在国家及其内部层面上。参见 Kenneth N. Waltz，*Theory of International Politic*，*Reading*：Addison-Wesley Publishing Company，Inc.，1979，p. 19。

② 华尔兹早在 1959 年就提出了著名的三个“意象（image）”，实际上是国际关系的三个分析层次：个人、国家和国际体系。参见 Kenneth N. Waltz，Man，*the State and War*，New York：Columbia University Press，1959。戴维·辛格（David Singer）作为国际关系层次分析法的奠基者，认为国际关系研究主要包括国际体系和国家两个层次。参见 J. David Singer，“The Level-of-Analysis Problem in International Relations，” in Klaus Knorr and Sidney Verba eds.，The International System：Theoretical Essays，Princeton，N. J.：Princeton University Press，1961，pp. 77～92。后来，国际关系的层次划分越来越细。詹姆斯·罗斯诺（James N. Rosenau）于 1980 年提出了 5 个分析层次，分别是个人（individual）、角色（role）、政府（government）、社会（society）和世界体系（world system）。参见 James N. Rosenau，The Scientific Study of Foreign Policy，London：Pinter，1980，pp. 115～169。布鲁斯·拉西特（Bruce Russett）和哈维·斯塔尔（Harvey Starr）又于 1992 年进行补充，提出了从宏观到微观的 6 个分析层次：世界体系、国际关系、国内社会、国家政府、决策者的角色和决策者个人。Bruce Russett and Harvey Starr，World Politics：A Menu for Choice，New York：W. H. Freeman，1992，pp. 11～17。

③ 不同的人从不同角度探讨恐怖主义的成因，形成了各种各样的理论，包括攻击本能论、国际冲突理论、文明冲突论、无政府主义理论、博弈论、大众传媒效应论、极端宗教理论、权利政治论。参见李湛军《恐怖主义与国际治理》，北京：中国经济出版社，2006 年版，第 193—226 页。

后揭示战后以来国际恐怖主义日趋泛滥的体系层次原因。

## 一、国际体系变化的动力与机制

根据赫德利·布尔（Hedley Bull）的经典定义，两个以上的国家一旦发生正常交往，就会形成一个国际体系，[①] 并表现出向国际社会演化的趋势。他的定义还表明，国际体系是由行为体之间的互动形成的，因而是一种主体间的社会存在，存在形式取决于其属性、组成部分及相互之间的关系。[②] 一般认为，体系是组成部分互动构成的一个整体，[③] 包括体系（system）和单元（unit）两个层次，其中体系层次包括结构（structure）和过程

① 罗伯特·吉尔平（Robert Gilpin）也认为："国际体系是一个含糊不清的概念，涵盖了从国家间零星接触到19世纪后期欧洲（国家间）的密切联系。"参见 Robert Gilpin, *War and Change in World Politics*, Cambridge: Cambridge University Press, 1981, p. 26。

② 赵广成：《从合作到冲突：国际关系的退化机制分析》，第84页。

③ 李少军：《怎样认识国际体系？》，载《世界经济与政治》2009年第6期，第13—14页。

(process) 两个维度。① 结构和过程都具有整体性，但前者具有共时性和相对静止性，后者则具有历时性和流动性。因此，结构是国际体系的核心变量，是从整体上考察国际体系发展演变的关键。

与其他任何体系一样，国际体系是有边界和层次性的。在当今世界上，全球性国际体系仅具有地理意义，起主导作用的是以西方发达国家为核心的体系。但由于国际体系的层次性，任何国际体系都不可能独善其身，而是要同其他体系和体系外行为体的互动中存续和发展。因此，国际体系结构的形成和演变主要取决于两个因素：一是体系内成员对该结构的认同程度，二是国际体系与体系外行为体之间的力量对比。② 当体系内的多数和主要成员都认同现有制度和规范时，国际体系结构将朝着稳定和巩固的方向发展，反之则将不断遭受侵蚀和削弱；当体系内成员拥有对

---

① 吉尔平采用罗伯特·芒德尔（Robert A. Mundell）和亚历山大·斯沃博达（Alexander K. Swoboda）1969 年提出的概念，认为“国际体系是通过有一定的互动，按照某种控制形式联系起来的各种实体的总和。”所以，在他看来，国际体系包括三个基本组成部分：各种实体（diverse entities）、一定的互动（regular interactions）和控制形式（form of control）。但他同时指出，国际体系在历史上共有三种控制形式或结构类型，分别是帝国或霸权、两极结构和均势。参见 Robert Gilpin，War and Change in World Politics，pp. 26—29。因此，他说的“实体”和“互动”分别相当于行为体和过程，控制形式在很大程度上就是结构。阎学通和阎梁认为，国际体系的三要素是国际行为体、国际格局和国际规范；国际体系有自然属性和社会属性，其自然属性是无政府性，社会属性是等级性。参见阎学通、阎梁：《国际关系分析》，第 24—28 页。本文以下部分将要揭示，国际体系的结构是复合性的，既有自然属性又有社会属性，包括物质力量对比、制度框架和行为规范三个方面。他们的“国际格局”实际上就是国际体系结构中的行为体间力量对比，“国际规范”则涵盖了结构中的制度框架和行为规范。从这个意义上讲，他们提出的国际体系三要素中缺少了互动（即过程），因而是静止和不完整的。

② 赵广成：“国际体系的中产阶级化与没有收益的非对称冲突——一种损失驱动的冲突解释模式”，载中国国际关系学会、云南大学国际关系研究院、外交学院编：《国际关系研究：探索与创新：2009 年博士论坛》，北京：世界知识出版社 2010 年版，第 6 页。

体系外行为体的压倒优势时，国际体系中的制度和规范将不断强化并对后者产生强大的吸引力，反之则将遭到后者的集体挑战和打击。

当上述两种逻辑趋于重合时，就会出现以下两种情况（图1）。第一，如果体系内的多数成员撤销对现有制度和规范结构的认同，体系外行为体也继续对其进行颠覆，结构的支持力量将远远小于反对力量。在此情况下，现有国际体系摇摇欲坠，将不可避免地走向解体。这样的国际体系结构类似于倒丁字形或金字塔形，20 世纪 80 年代后期社会主义阵营的命运就是这样。第二，如果体系内多数成员一如既往地支持现有制度和规范，体系外行为体又大量融入其中，结构将获得空前强大的支持力量。[①] 在此情况下，国际体系将表现出前所未有的稳定性。这样的体系结构类似于菱形或纺缍形，当今国际体系正越来越明显地表现出这种发展趋势。

**图 1　国际体系的变化机制与结构类型**

<table>
<tr><td></td><td colspan="3">外部认同</td></tr>
<tr><td rowspan="3">内部认同</td><td></td><td>低</td><td>高</td></tr>
<tr><td>低</td><td>倒丁字形<br>金字塔形</td><td></td></tr>
<tr><td>高</td><td></td><td>菱形<br>纺缍形</td></tr>
</table>

① 本文认为，主导国际体系的内部成员间形成了一整套彼此都认同并内化了的制度和行为规范，体系外行为体融入体系的标志性特征是接受并合作性地参与这些制度和规范。即使一个国家高度卷入体系内事务，但如果对其制度和规范采取漠视或抵制态度，依然是体系外国家，也就是说不存在反体系的体系内国家。参见 Jeffrey W. Legro，*Rethinking the World*：*Great Power Strategies and International Order*，Ithaca and London：Cornell University Press，p. 9。

这就是说，国际体系的核心变量是结构，结构在过程中形成和发生变化。结构包括排列原则、单元特性和能力分配三个方面，任一方面的变化都会引起结构的相应变化。国际体系变化的动力来自体系内成员的分化组合和体系外行为体的冲击两个方面。体系外行为体的融入也是体系结构不断发生变化的过程，体系内成员的增加会相应地改变单元间的实力分配状况，更从根本上改变着国际体系与体系外行为体之间的关系和力量对比，这既强化了国际体系中的实力、制度和规范，又削弱了体系外行为体的整体实力及其与国际体系讨价还价的能力。结构变化对于体系内成员和体系外行为体都会产生影响，在某些情况下对体系外行为体的影响更大，而这一点常常被学者们忽视了。

## 二、当今国际体系的三大结构性变化

当我们把欧美发达国家集团视为主导国际体系时，其他国家和集团就是体系外行为体，并且长期表现出融入主导体系的趋势。沙皇彼得大帝于17世纪末发动西方化改革，标志着体系外国家融入国际体系的开始。19世纪60年代日本进行脱亚入欧的明治维新，成为体系外国家融入西方体系的第一次成功实践。但在20世纪80年代之前，世界主导体系只涵盖数量有限的西方发达国家，不仅体系外国家大量存在，而且还有强大的竞争性体系与之抗衡。

冷战结束以来，体系外国家竞相加入主导国际体系，极大地改变了国际体系与体系外国家的力量对比。早在20世纪40和50

年代，就有社会主义国家先后发起变革运动，并扩大了与西方国际体系的交往。第三世界国家在战后赢得独立时，大都选择了资本主义制度和西方式发展道路，有的还与西方国家保持着战略同盟关系。此后，体系外国家融入国际体系出现了两次高潮：一是20世纪60、70年代新兴工业化国家和产油国的崛起；二是冷战结束以来社会主义国家的转型和新兴大国的群体崛起。这些国家在崛起的同时逐步成为西方体系的成员，第三世界国家的身份日趋淡化。体系外国家的大量涌入对主导国际体系形成了重大冲击，使之在三个方面发生了明显的结构性变化。

首先是国际体系的集权化。华尔兹把国际体系结构化约为单元之间的能力分配，而经过对单元的两层抽象，他最终以大国数量界定体系结构。[①] 对于国际体系的稳定来说，两个方面的实力分配至关重要：一是体系内成员之间的实力分配，二是国际体系与体系外国家间的力量对比。从战后到冷战结束时，西方国家长期保持较高的经济增长速度，形成了西方国际体系的优势地位。冷战结束以来，一大批发展中大国迅速崛起，并且都选择了融入主导国际体系的道路。新兴大国的群体崛起造成了世界范围的权力集中化趋势，主要表现在以下三个方面：一是大国力量不平衡的加剧，即唯一超级大国与其他大国实力差距的拉大；二是体系内集团霸权主义的形成，世界上首次出现了体系内主要国家团结

① Kenneth N. Waltz, Theory of International Politics, Reading, Massachusetts: Addison-Wesley Publishing Company, Inc., 1979, pp. 79－101。华尔兹既承认国际行为体的多样性，又坚持国家的中心地位和优先性。他先从各种行为体中把国家抽象出来，又从大大小小的国家中把大国抽象出来，最终以大国数量界定国际体系的结构，这种做法被称作对国际行为体的“两层抽象”。参见李义虎：《国际格局论》，北京：北京出版社，2004年版，第44—45页。

在霸权国周围的局面；三是第三世界的大国和富国纷纷加入国际体系，导致世界权力迅速向国际体系内集中。

其次是国际体系的制度化。国际体系强调行为体之间的互动和力量分布，国际社会则侧重于在行为体互动增强的基础上，带有强制性的价值观和制度、规范的形成。① 二战后随着全球化的发展，国际关系中制度、规范和价值观的作用越来越强，在此基础上形成了一个盛行各种规则的国际社会。② 国际社会的形成和强化必然导致国际体系的制度化，但当今国际社会基本上是不对称的力量扩展和利益追求的结果，其主导价值观、制度和规范的内在局限性产生了一系列使强者更强、弱者更弱的后果。国际体系的制度化主要表现在三个方面：一是国际制度的强化，即国际制度遍及各领域并具有越来越强的约束力；二是国际无政府性的递减，国际制度在很大程度上发挥着国际权威的作用；三是国家主权的衰变，小国的主权权益有时不得不服从于大国主导的国际制度。

最后是国际体系的合法化。在处于无政府状态的国际关系中，由于没有主持正义和裁决争端的最高权威，国际合法性的来源可能有两个：一是国际强势力量的主导，二是多数国际行为体的主张。在当今国际体系集权化和制度化的背景下，国际合法性的两个来源出现了合流的趋势，主流国际舆论经常有强权支持和

① 参见 Hedley Bull，The Anarchical Society：A Study of Order in World Politics（2nd edition），New York：Columbia University Press，1977. pp. 9，13。

② 本文在学理意义上使用“国际社会”一词，也就是英国学派的“international society”。各国官方和政治家还经常使用另一个“国际社会”概念，它对应于英语的“international community”，实际上指的是“国际大家庭”。

众多国家附和，从而披上了一种不容质疑的合法性外衣。本文将这一趋势称为“国际体系的合法化”。[①] 国际体系的合法化表现在两个方面：一是国际话语霸权的确立，大国在国际事务中同时掌握了权力优势和道义强势；二是强权与先进性合流，融入主导国际体系是落后国家实现发展的必要条件。

## 三、当今国际秩序的基本特征

国际秩序是国际体系在国际结构的作用下形成的明示或默示的国际行为规则，是国际体系中主要战略力量之间围绕某种目标和依据一定规则相互作用的运行机制，也是国际体系中力量对比等级关系的外部表现。一定的国际秩序反映着特定的力量对比关系，主要行为体之间力量对比关系的变化必然导致国际秩序发生变化。

作为前述一系列结构性变化的结果，当今国际体系呈现出“霸权主导的等级体系”特征。美国雄居国际体系的顶端；最底层是国际弱势群体；[②] 中间上层是欧洲、日本、加拿大、澳大利亚等西方发达国家，以及转型中的俄罗斯和中东欧国家；中间下

① 关于“国际体系合法化（legitimization of the international system）”的概念，参见 Neil Renwick，America's World Identity：The Politics of Exclusion（Houndmills：Macmillan Press Ltd.，2000），p. 114。

② 关于“国际弱势群体”的概念，参见 Zhao Guangcheng，Disadvantaged Groups and Asymmetric Conflicts，Contemporary International Relations，Vol. 13，No. 3，May/June 2009，pp. 94—100 和杨洁勉：“论‘四势群体’和国际力量重组的时代特点”，载《世界经济与政治》2010 年第 3 期，第 6 页。

层是"四小龙"等新兴工业经济体和"金砖国家"等正在兴起的大国。由于新兴国家的群体性崛起和中间力量的壮大，这个体系日益朝着一种"两头小、中间大的新型结构"发展，[①] 笔者把它称之为"国际体系的中产阶级化"[②]（图 2）。在国际体系发生中产阶级化的情况下，国际秩序表现出如下四个基本特征。

图 2　霸权主导的等级体系构成

| 等　级 | 构　成 | 旧结构 | 新结构 |
| --- | --- | --- | --- |
| 第一等级 | 美国、苏联 | 第一世界 | 霸权国（美国） |
| 第二等级 | 西方发达国家 | 第二世界 | 国际中产阶级 |
| 第三等级 | 新兴大国和富国 | | |
| 第四等级 | 小国、穷国、弱国和异类国家 | 第三世界 | 国际弱势群体（第四世界?） |

首先，美国仍然是世界上唯一的超级大国，但其单独主导世界事务的能力在下降。冷战后的美国作为有史以来第一个全球性超级大国，第一次确立了实力、制度和文化三位一体的霸权体系。美国的超强实力和主导国际机制的能力既建构了等级制国家力量格局，也在一定程度上弱化了国际无政府状态，同时获得了一种道义强势地位。在亚当·沃森（Adam Watson）的"无政府状态-霸权-宗主权-自治领-帝国"光谱排列中，[③] 美国正在试

① 徐坚："中间力量的兴起与世界格局的结构性变化"，载《国际问题研究》2008 年第 2 期，第 2 页。

② 赵广成："国际体系的中产阶级化与没有收益的非对称冲突：一种损失驱动的冲突解释模式"，第 1—18 页。

③ See Watson，Adam，The evolution of international society：a comparative historical analysis，London，New York：Routledge，1992；and Limits Of Independence：Relations Between States In The Modern World，London：Routledge，1997.

图由霸权直接通向世界帝国，这正是一个时期以来美国国内“新帝国主义论”甚嚣尘上的原因所在。如果美国的“新帝国主义大战略”最终得逞，国际体系将因主导单位本质的变化而发生根本性转型，由霸权主导的等级体系转化为有史以来第一个世界性帝国。

对于一直以来不绝于耳的“美国衰落论”，[①] 我们应当有一个清醒的认识。第一，美国主导国际事务的能力近年来确实呈下降趋势。反恐战争和伊拉克战争损伤了美国的软、硬实力，金融危机使美国政府焦头烂额，世界各国开始对“华盛顿共识”和美国的领导能力进行反思。第二，美国的“一超”地位并未发生根本改变。虽然世界格局发生了“一超走弱，多强易位”的趋势，但并没有从根本上改变国际体系的权力分布状态。[②] 美国主导世界事务的能力仍然是无可匹敌的，主宰世界的意志也没有丝毫的动摇。第三，历次“美国衰落论”的始作俑者都是美国人自己。几乎每次“美国衰落论”过后，都是美国的一次改变、一次转机、一次提升。因此，美国人的“美国衰落论”并没有唱衰美国，而是一次又一次地给美国带来动力和凝聚力，其作用不亚于“奋进曲”、“警钟歌”和“冲锋号”。[③]

---

① 自美国在二战后走上世界霸主宝座之日起，各种各样的“美国衰落论”从来没有消失过。朝鲜战争后、苏联人造卫星升空后、越南战争后、经济滞胀后、苏联扩张和日本大国崛起后、冷战结束后、9·11 事件后以及 2008 年金融危机后，美国人都在惊呼“美国的衰落”。参见李春园、范建中：“美国衰落论”析论，载《现代国际关系》2009 年第 8 期，第 30—36 页和刘明福：“美国走上世界霸主 60 多年 8 次唱响‘美国衰落论’”，载 2010 年 2 月 24 日《羊城晚报》，第 b5 版。

② 参见秦亚青：“国际体系的延续与变革”，载《外交评论》2010 年第 1 期，第 8—9 页。

③ 刘明福：“美国走上世界霸主 60 多年 8 次唱响‘美国衰落论’”，载 2010 年 2 月 24 日《羊城晚报》，第 b5 版。

其次，一批新兴大国的实力和影响迅速扩大，但它们更多地是配合而非制衡美国。近年来，世界格局的一大发展就是新兴国家的群体崛起，并开始进入国际体系的核心。这些国家的迅速发展不仅仅是一个实力消长问题，而且也是国际体系从西方国家大权独揽到非西方国家积极介入的转型。最明显的标志就是新兴经济体成为国际经济体系不可或缺的成员。[①] 传统大国俱乐部闭门讨论世界事务已经没有太多意义，它们不仅邀请新兴大国参加历年的八国集团峰会，还把世界经济事务的决策平台让位于二十国集团。更为重要的是，一批新兴大国的经济实力正在接近传统的欧日强国。中国的经济总量于 2010 年超过日本，成为世界第二大经济体。[②] 这是日本经济自 1968 年超过联邦德国后，42 年来首次被超越。在此情况下，“多强”作为国际体系的中间阶层，在数量和实力上都快速增加，制约“一超”独霸的能力得到了加强。理查德·哈斯（Richard N. Haass）甚至宣布这是一个“无极的时代”，认为“世界不再由一两个或多个国家支配，而是受几十个拥有并运用各种力量的角色控制。[③]

美国实力的相对下降虽然源于新兴大国的崛起，各新兴大国走的都是体系内崛起的道路，更多地是向美国的偏好靠拢而非对

---

① 秦亚青：“国际体系的延续与变革”，载《外交评论》2010 年第 1 期，第 8—9 页。

② 根据国际货币基金组织 2011 年版《世界经济展望》提供的数据，2009 年中日两国的 GDP 分别为 4.990，528 万亿美元和 5.032，982 万亿美元，2010 年的数据分别为 5.878，257 万亿美元和 5.458，872 万亿美元，2011 年的预测数据则为 6.515，861 万亿美元和 5.821，945 万亿美元。数据来源：http：//www.imf.org/external/pubs/ft/weo/2011/01/weodata/index.aspx，访问时间：2011 年 4 月 22 日。

③ Richard N. Haass， “The Age of Nonpolarity：What Will Follow U.S. Dominance，” Foreign Affairs，Vol. 87，No. 3，May/June 2008，pp. 44—56.

其进行制衡。世界经济一体化使发达国家之间的命运彼此息息相关，在对外战略的目标以及如何实施的问题上存在共识，从而使它们联合起来共同剥削和控制发展中国家，形成了在体系中占压倒优势的集团霸权主义。[①] 与此同时，新兴大国越来越向这个既得利益集团靠拢，开始成为现有国际体系的既得利益者和现状维护者，更增加了集团霸权主义的实力和影响力。这些国家虽然只有 42 个，却占第三世界国家 GDP 的 98.29%以上。当它们与第二世界国家一起配合或默认美国的做法时，其他第三世界国家几乎不再有制约美国霸权的能力。海地、科索沃、阿富汗、伊拉克和利比亚局势的发展已经证明了这一点。

再次，国际体系中间力量整体上向霸权国靠拢，被边缘化的国际弱势群体处境维艰。西欧、日本、加拿大和澳大利亚等国原本就是美国的盟友，经济全球化的迅猛发展又进一步深化了它们之间的相互依存，使它们与美国关系中的合作领域远远多于冲突面。第三世界大国在崛起过程中，新的实力地位使它们与一般发展中国家渐行渐远，在利益诉求、行为规则、国际话语甚至国内结构上越来越向西方发达国家靠拢，共同形成一个日益壮大的"国际中产阶级"。这样一来，全球国际体系就形成了一个两头小、中间大的新型结构。由于霸权国美国的实力远远大于第三世界小国，这个新型结构的两头严重失衡，呈现的是"纺绵形"而非"菱形"。这个新结构削弱了发展中国家阵营而壮大了国际霸权集团，使第三世界中的多数国家沦为国际弱势群体，并有进一

① 倪世雄等：《当代西方国际关系理论》，上海：复旦大学出版社，2001 年版，第 303 页。

步降为“第四世界”的危险。①

由于新兴大国都奉行融入主导国际体系的政策，西方发达国家的政策和偏好成了体系性的意识形态。以美国为核心的西方工业化国家集团主导的一元化权力结构的精髓，在于其难以摇撼的意识形态霸权地位。这个文化霸权体系巩固了一元化权力领导结构的正当性，并赋予这个结构高度的内在一致性。它设计的基本规范准则被塑造成“普世原则”和“自然秩序”，迄今几乎没有任何能与之抗衡的替代模式。② 美国的霸权不仅是基于无可匹敌的实力的政策霸权，更是基于无可比拟的先进性的制度霸权，从而使美国的行为在国际体系中具有强大的穿透力和示范效应，使其他国家无法拒绝美国的资金、技术和制度、机制创新，无意长期而公开地奉行美国不愿看到的外交政策。各大国均把修好对美关系视为外交的优先考虑，纷纷向美国的国际价值观和行为偏好靠拢，以期为本国的力量提升创造最优条件。

最后，霸权国获得了前所未有的话语霸权和道义强势，致使霸权行径常常能够披上合法的“集体意志”外衣。马克思指出，资本来到世间，从头到脚，每个毛孔都滴着血和肮脏的东西。③西方文明扩展到全世界，同样是一个血腥和肮脏的摧毁、杀戮、

① 在学术界，“第四世界（Fourth World)”有时指“被排除于全球社会之外的次人口群”，但一般情况下指“过着不符合现代工业规范的游牧和流浪生活方式的人”。自从美国全国印第安人兄弟会（National Indian Brotherhood）主席乔治·曼纽尔（George Manuel）1974 年出版《第四世界：印第安人的现实》（The Fourth World：An Indian Reality，New York：free press，1974）以来，“第四世界”成了“没有政府、极端贫穷落后和被边缘化国家的同义词”。

② 朱云汉：《中国人与 21 世纪世界秩序》，载《世界经济与政治》，2001 年第 10 期，第 55 页。

③ 马克思：《资本论》，第 1 卷，北京：人民出版社，1953 年版，第 961 页。

征服的过程。然而，当它们确立了在全世界的优势地位后，摇身一变成了“民主”、“人权”、“人道主义”原则的卫道士，对第三世界弱小国家的政府和领导人品头论足，直至发出国际通缉令、进行跨国武装逮捕。大多数发展中国家政府，对积重难返的社会问题一时无法解决，又被谴责它的道义原则所说服，似乎也不再确信自己立场的正义性，面对西方的民主要求和民众的不满情绪处于一种道义上无所适从的困境，以至于无形之中被解除了武装。

特别是“9·11”事件后，国际体系中出现了一种前所未有的对美国的“普遍配合”状态。实力差距过大使各大国不仅没有与美国分庭抗礼的能力，基本上也没有对抗所必不可少的意志，甚至没有那样做的意愿。不论各国对美国如何批评，由于在不同领域和不同程度上存在着对美国的依赖，更多地还是顺应等级体系，改善跟它的关系，而不是横向联合共同制约美国。大批的中小国家宁愿选择依附美国，希望从对美国的依附中获得经济和安全方面的利益。①

## 四、作为强制性利益表达的恐怖主义

在国际体系中，国家利益与实力呈正比关系，小国的利益范围比大国小是毋庸置疑的。但是，任何行为体都有自身的基本利益诉求，这些利益都有实现的必要性和迫切性。利益的实现是一

① 牛军：《冲击带来变化》，载《现代国际关系》2002 年第 3 期，第 17 页。

个过程，其中利益表达是首要和关键环节，[①] 最关键的是行为体能否获得进行利益表达的渠道或途径。利益表达渠道有制度性渠道和强制性渠道两种，利益表达方式可能是理性的或非理性的。当制度性利益表达走不通或不见效时，弱势群体将被迫采取非常规、非制度性甚至非理性的利益表达途径。[②]

行为体的利益表达空间与国际体系结构的类型有关。两极和多极体系中没有主宰性力量，因而也没有居于主导地位的意识形态，任何行为体都有属于自己的利益表达和实现渠道。单极体系相当于一个单一国家，小国不再具有典型的“国际行为体”属性，它们的利益表达基本成了一种国内政治现象。但在国际体系走向单极化的情况下，[③] 由于出现了一个具有支配体系能力的国家，弱小行为体的利益如果与霸权国相悖将很难实现。

当今国际体系是一种“一超多强”的复合体系，自苏联解体之时就兼具单极化和多极化两种趋势。单极化表明出现了一个史无前例的唯一超级大国，多极化意味着其他大国在国际关系中发挥着越来越重要的作用。由于西欧和日本等传统大国一向是美国的盟友，俄罗斯和发展中大国都走体系内崛起的道路，在当前和今后一个较长时期，单极化的趋势要强于多极化。新兴大国不仅

---

① 王立新：《试论我国社会分层中人民利益表达制度的建构》，载《社会科学》2003年第10期，第45页。

② 胡伟：《政府过程》，杭州：浙江人民出版社，1998年版，第192—208页；蔡小平：《政治学视野中的弱势群体研究》，西北师范大学硕士学位论文，2007年，第20—22页。

③ 李义虎认为，国际格局基本上是一个中国概念，在西方国家被称作“国际体系结构”。在他看来，国际格局有单极、两极和多极三种类型，还有单极化、两极化和多极化三种过渡形态。他认为单极格局在历史上从来没有出现过。参加李义虎：《国际格局论》，北京：北京出版社2005年版。

在实力上向传统大国逼近，而且在利益、偏好和价值观上向后者靠拢。这样一来，两个大国群体共同与霸权国合作，形成了一个涵盖所有大国的国际强势集团。

如前所述，当前的全球国际体系主要有两个组成部分：一是居于主导地位的国际强势集团，二是被边缘化的国际弱势群体。相对于前者组成的主导国际体系，后者可以视为体系外行为体。由于国际权力和资源加速向体系内集中，主导国际体系同时掌握了强权、道义和先进性，体系外行为体在力量上处于弱势，在话语交锋中理屈词穷，并且只有向强势靠拢才有可能实现发展。国际强势集团把体系的稳定视为至关重要的利益加以维护，国际弱势群体在此框架内行事才是“合法”的。

国际体系中产阶级化时，将表现出前所未有的稳定性。不过，这种“稳定”指的是结构不被推翻，因为弱势群体减少到了最低限度。但是，弱势群体的力量越小，他们利益受损和呼声受压制的可能性就越大。当他们的利益表达渠道完全丧失时，必然会诉诸非制度性的利益表达手段。近年来国际恐怖主义愈演愈烈，国际体系的强权化显然是主要原因。这种以卵击石行为虽然无法颠覆整个结构，但却是体系和谐的重大隐患。

从这种角度进行观察，恐怖主义活动主要是一种强制性的利益表达。这种观点如果成立，国际恐怖主义活动应当具有三个特点：(1) 恐怖主义活动的实施者来自国际弱势群体，他们既可以是第三世界弱小国家的代表，也可能是发达国家中的弱势人群；(2) 恐怖主义活动的重点袭击对象是国际强势集团，而重点中的重点是世界霸主美国；(3) 恐怖主义越出国界主要是在二战以后，国际恐怖主义泛滥成灾则是冷战结束以来的事情。

## 五、结论

从现代恐怖主义活动演变和分布看，经验事实基本上支持了上述观点。

（一）从时间、数量和影响上看，国际恐怖主义活动的演变契合了国际体系的中产阶级化过程。“恐怖主义”的概念出现于法国大革命时期，但恐怖主义活动并非什么新生事物，而是人类社会与生俱来的一种暴力活动。[①] 古希腊和罗马人很早就有“诛杀暴君”的思想，[②] 当权政要被刺杀的事件自古以来屡见不鲜。在轰轰烈烈的法国大革命中，还出现了国家恐怖主义现象。但学术界一般认为，现代恐怖主义兴起于20世纪60年代末，真正越出国界是在二战以后，特别是20世纪60年代末。[③]

国际恐怖主义活动在20世纪60年代末以后直线上升，与国际体系转型对体系外行为体的影响密切相关。西方国家于19世纪末将世界瓜分完毕，造就了一个以殖民统治为基础的全球国际体系。被压迫国家和民族随即开始了争取独立的解放运动，并且在战后到60年代末的民族解放高潮中取得全面胜利。由于民族解放的任务已经基本完成，亚非拉国家的主要任务在60年代末

---

① 李湛军：《恐怖主义与国际治理》，北京：中国经济出版社，2006年版，第43页。

② Matha Crenshaw ed., Terrorism in Context, The Pennsylvania State University Press, 1995, p. 29.

③ 李湛军：《恐怖主义与国际治理》，北京：中国经济出版社，2006年版，第42—45页。

以后转向谋求发展。仍在遭受殖民统治的民族已经为数不多，它们争取民族解放的阻力大大提高了。这种阻力来自于它们由轰轰烈烈的多数变成了孤掌难鸣的少数。

20世纪60年代末到70年代末是国际恐怖主义迅猛发展阶段。由于正规武装斗争的道路已经不再可行，一些被压迫民族将非常规暴力作为争取独立的主要手段。他们广泛开展暗杀、爆炸、绑架、劫机等活动，在1968—1969年达到第一个高潮，并且呈愈演愈烈之势。这类活动虽然在弱小民族争取独立的历史上屡见不鲜，但在民族解放已经不再是主要国际矛盾的情况下，显然有悖于大多数（特别是西方发达国家）的利益，因而被主流国际社会贴上了“恐怖主义”的标签，1968年则通常被视为现代恐怖主义的起点。据不完全统计，1968—1980年，全世界共发生恐怖主义事件6714起，造成3668人丧生；平均每年发生559.5起，造成305.7人死亡。①

20世纪80年代是国际恐怖主义活动持续泛滥的阶段。各类国际恐怖主义组织四处出击，使国际恐怖主义事件从20世纪80年代起直线上升，并以每年10％－12％的速度递增。1980年被称为“爆炸年”，1983年被称为“汽车炸弹年”，1984年被称为“谋杀国家元首年”。截止1984年，利比亚领导人卡扎菲创下了被暗杀89次的最高记录，伊朗宗教领袖霍梅尼和英国首相撒切尔以30次和15次紧随其后。② 迄今为止，20世纪80年代的国

---

① 李湛军：《恐怖主义与国际治理》，北京：中国经济出版社，2006年版，第43—44页。

② 李湛军：《恐怖主义与国际治理》，北京：中国经济出版社，2006年版，第44页。

际恐怖主义活动发生率最高，平均每年发生 625 起。①

到 20 世纪 90 年代，恐怖主义组织已经形成国际网络，加之科学技术和传播工具的发展，使国际恐怖主义活动的恐怖效应和国际影响空前增强。在整个 90 年代，全球共发生大规模恐怖爆炸事件数十起，具有国际影响的暗杀活动 100 多次。其中 1995 年是名副其实的"国际恐怖年"：3 月奥姆真理教在东京地铁制造沙林毒气事件，造成 5500 人中毒；4 月美国俄克拉荷马联邦大厦被炸，造成 168 人死亡、400 多人受伤；7、8 月间巴黎接连遭到 8 次袭击，使法国陷入战后最严重的恐慌中；11 月 4 日以色列总理拉宾遇刺身亡，使巴以和平进程顿时化为泡影。

进入新世纪后，国际恐怖主义活动进入了一个全新的阶段。"9·11"事件的最大影响不在于其惊人恐怖手段和恐慌效应，而是恐怖分子向世界头号强国的本土发动进攻，由此引发了旷日持久的阿富汗和伊拉克反恐战争。这一现象表明，少数恐怖分子借助日新月异的高科技，完全可以拥有挑战主权国家非对称力量。而由于他们大都是"民不畏死"的意识形态斗士，决非武力打压乃至反恐战争可以恐吓得了的。

（二）从袭击目标来看，国际恐怖主义活动的构成符合本文提出的国际体系分层。在恐怖主义活动的诸多特征中，最突出的是手段的残忍和场面的血腥，这充分反映了恐怖主义分子的丧心病狂。然而，令世人不得不承认的是，国际恐怖分子虽然具有非理性的一面，但决非完全没有理性的疯子。稍作分析就会发现，国际恐怖分子并不是毫无选择地滥杀无辜，他们制造的袭击事件

① 胡联合：《第三只眼看恐怖主义》，北京：世界知识出版社，2007 年版。

是有明确目标的。

首先，大量国际恐怖袭击主要是在民族解放旗号下进行的，袭击对象主要是凌驾于其他民族之上的占领当局。例如，1972年5月30日，日本恐怖组织“赤旗军”在以色列首都特拉维夫制造屠杀事件，导致26人死亡、72人受伤。1972年9月5日，中东恐怖组织“黑九月”成员闯入慕尼黑奥运村，枪杀了11名以色列运动员。1991年5月21日，斯里兰卡泰米尔猛虎组织用“人体炸弹”杀害了印度前总理拉吉夫·甘地，原因是甘地总理于1987年下令派遣印度特种部队前往斯里兰卡参加围剿猛虎组织的行动。他们还用同样的方式袭击了斯里兰卡总统库马拉通加夫人，使她永远失去了右眼。1997年，“真正的爱尔兰共和军”制造了一场汽车炸弹爆炸事件，在北爱小镇奥马最繁华的街区炸死29人、炸伤数百人。

其次，大部分恐怖活动是针对西方发达国家，这中间的大部分又是针对美国的。根据美国国防部的统计，1995年全球共发生恐怖袭击事件440起，其中涉及侵犯美国利益的占22.5%；1996年全球共发生恐怖事件496起，其中涉及侵犯美国利益的约占24.7%。另据美国学者约翰·多伊奇（John Deutch）统计，在1996年全世界有关恐怖袭击事件的报道中，美国名列遭到袭击的33个国家之首。其中有25%针对美国或在国外的美国公民，其他32个国家平均不到2.35%。在整个90年代，将近40%的恐怖活动是针对美国和美国人的。“9·11”事件后，针对美国的恐怖袭击事件更是直线上升。[①]

最后，在发达国家内部也有一些恐怖主义组织，他们针对的主要是本国执政当局和专政工具。例如日本的“赤军”、法国的“直接行动”、德国的“红军旅”和意大利的“红色旅”等极左组织；车臣、北爱尔兰、西班牙和菲律宾等地的民族分裂势力；日本的奥姆真理教等极端宗教恐怖主义组织；美国的三K党、德国的新纳粹主义等种族主义组织。据媒体统计，美国国内的恐怖主义组织有800多个，成员多达数百万人，遍及全国50个州。近年来，美国发生的很多爆炸事件，大都是这些组织所为。[②]

（三）从实施者来看，恐怖主义分子多为弱势国家或地区的人员，他们代表的也是弱势国家或地区的利益。对一个问题进行讨论需要首先对概念作出界定。各方对于恐怖主义的定义可能永远也达不成共识，因为“恐怖主义”的概念中包含着浓重的有关宗法、伦理意识的价值判断。但是，如果过滤掉感情色彩和价值偏好，单从人类数千年暴力演化的角度看，恐怖主义仅仅是一种特殊的暴力形式，其特点就是它蔑视现存的一切公认的使用暴力的规则，在手段、对象、范围的选择上几乎不受任何道德、法律的约束。[③] 要想探讨国际恐怖主义的成因，应当聚焦他们为何采取这样一种暴力形式。

暴力本身是一种“游戏”。任何时代的暴力使用权都由强者

---

① 李湛军：《恐怖主义与国际治理》，北京：中国经济出版社，2006年版，第34、52页。

② 李湛军：《恐怖主义与国际治理》，北京：中国经济出版社，2006年版，第53页。

③ 倪乐雄：《伊拉克战争——老鼠与猫的战争》，载《南方周末》，2004年4月15日。

垄断，有关暴力的游戏规则也由强者制定。不同时期、不同地域的恐怖主义固然有着错综复杂的原因，但在复杂表象上似乎遵循着一个共同的规律：当实力相差悬殊的两边发生严重对抗时，恐怖主义便很容易从极弱的一边产生。原因很简单，弱者对强者使用暴力本身就是“非法的”，按照强者制定的“游戏规则”，使用暴力更无异于自取灭亡。只有按照自己的逻辑将有限的力量发挥到极致，弱者才有可能在同强者的对抗中生存下来，并使强大的对手感到无奈，从而不得不在某种程度上屈从自己的意志。①

从恐怖活动实施者的角度看，恐怖主义分子大都来自弱势的国家或地区。由于没有一个公认的恐怖主义定义，恐怖主义组织的认定难免会带有主观色彩。但总地看来，各国公布的国际恐怖主义组织名单并无太大争议。“9·11”事件后，美国政府在两年时间内对外公布了76个恐怖主义组织，其中出自亚非拉发展中国家的就有66个，只有10个分布于美国、西班牙、意大利和希腊。

---

① 倪乐雄：《伊拉克战争——老鼠与猫的战争》，载《南方周末》，2004年4月15日。

# 南盟反恐合作及发展现状

朱　颀[①]

2010年以来，虽然美国在阿富汗持续增加军力，加强对塔利班和“基地”组织的围剿，并在巴阿边境出动无人机执行空袭，但塔利班与“基地”组织的势力依然猖獗，其活动地带和恐怖袭击范围不断扩大，游击战与自杀式恐怖袭击互相交错；巴基斯坦塔利班发展迅猛，在西北部地区和拉合尔频繁进行恐怖袭击，多次造成重大人员伤亡；而“基地”组织则继续盘踞在巴阿交界部落区，以媒体宣传等手段加强与各地恐怖极端势力的联系。南亚地区层出不穷的恐怖袭击事件，不仅对南亚各国的国家安全构成了巨大的威胁，也严重地影响了南亚次大陆乃至整个世界的和平与稳定。同时，南亚地区稳定的欠缺也将大大制约南亚区域经济合作的开展。

---

① 朱颀，武警成都指挥学院政治理论教研室讲师，四川大学世界史专业现当代南亚国际关系方向博士生。

# 一、恐怖主义是南亚地区和平与发展的重大威胁

南亚地区的恐怖主义发展由来已久。“9·11”事件以前，南亚地区就时常发生炸弹袭击、暗杀、自杀式爆炸等恐怖袭击事件，“9·11”事件以后，这种情况并没有随着美国领导的全球反恐战线的扩大而得到缓解，相反其安全局势进一步恶化。根据21世纪初以来南亚地区各国经济社会发展的状况来看，日益严峻的恐怖主义主要来源于以下三个方面：

## （一）贫穷是南亚地区恐怖主义屡禁不止的主要根源

贫困是南亚地区滋生恐怖主义的土壤，而频发的恐怖活动又反过来制约了这些国家的经济发展，在某种程度上加剧了贫困，造成恶性循环。根据联合国2010年11月公布的数据，目前全世界17亿贫困人口中，超过一半都居住在南亚。甚至有调查发现，印度8个邦的贫困人口数量就要比撒哈拉以南非洲最贫穷的26个国家的贫困人口总和还要多。①

极端贫穷、缺乏安全感和被边缘化的民众是极端组织、激进组织、恐怖组织扩大的源泉。许多恐怖组织或反政府集团正是利

① 中国新闻网，“调查称印度贫困人口多于非洲26国穷人总和”，http://www.chinanews.com/gj/2010/07-15/2404687.shtml

用了广大贫困民众和文盲的无知和愚昧，鼓吹寻求公平公正的政治经济权利而对正常的社会秩序进行肆无忌惮的扰乱和破坏。从南亚各国政府的角度来看，南亚各国普遍存在严重的腐败现象和缺乏公平公正的政治经济环境，并且难以保障公民公正合理的政治经济权利，也没有有效的措施来缓解社会上普遍存在的各民族和各教派之间的偏见与矛盾，其结果自然导致各国国内激进派和极端势力的发展，正常的抗议示威行为最终可能演变为暴力恐怖主义行为。有南亚学者说道："南亚各国在发展过程中，总是把国家民族认同的建设建立在政治排外和与少数派对抗的基础上，这直接导致了民众之间或者与邻国之间对抗情绪的滋长。"①

面对在印度、巴基斯坦、尼泊尔和斯里兰卡国内发生的破坏和平与稳定的教派冲突和民族争斗，相关各国政府没有对民众进行有效的耐心疏导来化解民愤，相反却以危害国家安全的名义，使用武力对持不同政见者进行镇压，这更激化了社会、宗教与民族矛盾，给了极端组织、激进组织、恐怖组织以可乘之机。

## （二）美国发动反恐战争是重要外部原因

美国主导的反恐战争持续时间已经超过了 10 年。让人看不到胜利希望的持续战争激化了全球的民族与宗教矛盾，特别是伊斯兰世界与西方的矛盾。反恐战争所带来的巨大破坏和人员伤亡以及美国反恐标准的"多重性"，激发了各地尤其是伊斯兰世界

---

① Rita Manchanda，"A South Asian Media when there is no South Asian Consciousness!" paper presented at a seminar on "Towards a free，fair and vibrant media，organized by the The News，1—2 July 200，Islamabad.

反美情绪的高涨，恐怖活动和伊斯兰激进势力将目标直接瞄准了美军或其盟友甚至外国游客。一位印度学者这样描述道："自从美国发动打击'基地组织'的反恐战争以来，南亚地区突然成了反恐战争的一个巨大战场，不仅国际恐怖主义威胁的阴霾笼罩着我们，现在我们本地区的恐怖主义也开始活跃起来。"[①] 中国学者的研究发现，美国发动的反恐战争使处于"全球恐怖高危"弧形地带之一的南亚地区的恐怖活动渐趋活跃，为民族和宗教势力以及国际恐怖势力营造出更大的生存与活动空间，并为以暴力实现政治诉求的思潮和活动提供了适宜蔓延的温床。[②] 例如，在巴基斯坦国内出现的许多民族纠纷、教派仇杀和针对高级官员的暗杀行动升级，都是发生在"9·11"之后。

因此，伊拉克和阿富汗局势的动荡，使南亚地区面临局势恶化和伊斯兰恐怖活动蔓延的危险，也使南亚的局势较之"9·11"事件以前更为复杂。

### （三）南亚各国之间的政治互信缺乏使恐怖活动日趋猖狂

政治互信的缺乏严重影响了南亚各国反恐合作的开展，使恐怖组织特别是跨境恐怖活动有了生存的空间。南亚各国总是相互

---

① Sridhar Khatri, "Introduction" in Sridhar Khatri and Gert W. Kueck (eds.), Terrorism in South Asia Impact on Development and Democratic Process (New Delhi: Shipra, 2003), p. 1. Also see, Dipanker Banerjee and Gert W. Kueck (eds.), South Asia and the War on Terrorism (New Delhi: India Research Press, 2003).

② 姚匡乙："对伊拉克战后中东地区民族宗教问题的思考"，徐敦信主编：《新世纪初世界大势纵论》，世界知识出版社，2005年，第372—373页。

怀疑对方对危害本国的恐怖组织进行资助并且总是相互指责别国反恐不力，严重限制了反恐情报资源的实时有效共享和共同打击犯罪活动的开展。这在印度、巴基斯坦和阿富汗三国之间表现尤为明显，特别是印度与巴基斯坦之间。

由于克什米尔争端和宗教摩擦，致使印巴两国特别是克什米尔争议地区针对对方的越境恐怖活动频繁发生，政治互信的缺乏又使两国相互充满猜忌，反过来又进一步激化了民族矛盾。因此，尽管反恐合作是 2004 年印巴两国开始的全面对话中的一项重要议题，但多年来始终缺乏实质性成果。另外，因为民族、宗教或者国内政治派别矛盾，孟加拉国、尼泊尔和斯里兰卡也长期不同程度地面临着恐怖主义威胁。

这些暴力恐怖活动与南亚各国国内冲突和国家间矛盾相交织，给无辜的民众带来了巨大的损失。据统计，2009—2010 年，巴基斯坦境内总共发生了 1906 起恐怖袭击事件，共造成 1835 人死亡和 5194 人受伤。恐怖袭击导致巴基斯坦 GDP 总量 6%的损失。仅 2009 年，巴基斯坦境内各地报告的自杀炸弹袭击事件就有 180 起。

面对国内恐怖袭击事件的频繁发生，巴基斯坦政府也不得不承认，难以向社会提供足够多的有安全保障的就业机会。[1] 另据统计，自从 2004 年以来，在全球因恐怖袭击造成的平民伤亡方面，超过半数发生在包括印度、巴基斯坦、尼泊尔和斯里兰卡等的南亚地区。这些足以反映出南亚地区恐怖主义活动带来的严重

---

① Rashid Ahmad Khan, "Terrorism and SAARC", http://www.dailytimes.com.pk/default.asp?page=2010\07\07\story_7-7-2010_pg3_4

危害性。

## 二、南盟反恐合作机制建设已趋完善

虽然南亚区域合作联盟（SAARC）是以促进南亚地区经济合作与发展为目的而成立的区域合作组织，但在应对南亚地区恐怖主义威胁方面起步也很早。目前，南盟框架下的反恐合作包括两个层面：一是以南盟为平台开展的全地区包括所有成员国的合作，二是各成员国家间的双边合作。经过多年的发展，南盟反恐合作的机制建设已趋完善，但具体协议的落实还有待进一步展开。

### （一）以南盟为平台的反恐合作

南盟反恐合作起步较早，早在1985年南盟第一届领导人峰会召开的时候，时任斯里兰卡总理贾亚瓦德纳就提出了南亚各国合作应对恐怖主义威胁的议题，只不过由于担心这一敏感领域的合作可能危害到新成立的南盟组织，因此该提议饱受争议。

在南盟成立后最初的两年里，反恐合作仅仅作为南亚区域合作理论研究的一个部分。1987年，南盟第三届首脑峰会通过了《南盟打击恐怖主义公约》（SAARC Regional Convention on Suppression of terrorism），表达了各国一致反恐的决心。《公约》第八条强调“缔约国应该在其国内法允许的范围内展开合作，包括相关机构之间的协商，信息、情报和活动分享，以及其他适当的相关合作措施，目的在于通过预防措施防止恐怖主义活动”。1996 年，南盟建立了各国安全机构定期会晤机制——南盟警察事务合作会议（SAARC Conference on Cooperation in Police Matters)。2004 年，南盟第 12 届峰会批准了《南盟打击恐怖主义公约附加议定书》(Additional Protocol to the SAARC Regional Convention on Suppression of Terrorism)，同意建立和保持情报共享联系，共同打击南亚恐怖活动，并重点打击金融领域内的恐怖主义犯罪行为，切断恐怖主义活动的资金来源，为推动反恐合作行动的实施提供了组织和政策保障。2005 年第 13 届南盟峰会通过的《达卡宣言》将合作反恐列为重要内容，从此，反恐成为南盟各届峰会不可缺少的重要议题。

在南亚各国领导人高调反恐的背景下，2006 年 5 月，南盟各成员国的内政部长在孟加拉国首都达卡召开第一次年度会议，专门讨论如何对付日益猖獗的恐怖活动，并达成了加强地区合作的 9 项决定，其中包括联手打击武装恐怖活动和毒品走私活动、交换情报和分享反恐经验等。2007 年 10 月在印度新德里举行第二次南盟内政部长会议中，南盟各国决定进一步加强成员国之间的反恐合作，增加定期交换反恐情报和人员的交流，并将在打击跨界犯罪、洗钱、贩卖毒品和人口、走私武器和制造假币等领域加强合作。

2008 年在科伦坡召开的第 15 届南盟领导人峰会将反恐列为南盟区域合作的首要目标，各国在遵从联合国安理会第 1373 号决议的基础上，通过了《南盟司法互助协定》(SAARC Convention on Mutual Legal Assistance Treaty)。2008 年底，南亚各国警方负责人在巴基斯坦会面，共同商讨组建南盟警察部队，以应对日益严重的反恐形势。此外，南盟还在斯里兰卡科伦坡建立了一个由各国专家学者组成的地区恐怖活动监测部门（Terrorist Offences Monitoring Desk—STOMD），以收集、分析、整理地区恐怖主义组织的情报，研究恐怖主义活动的方法和特点，为南亚各国提供恐怖袭击预警。伴随 STOMD 成立的还有一个地区毒品流动监测部门（Drug Offences Monitoring Desk—SDOMD），用以监督打击毒品贸易，切断地区恐怖组织的资金来源。

至此，从 1987 年《南盟打击恐怖主义公约》的签署到后来的多次修订与补充，南盟各国已就在各国法律允许的框架内加强反恐合作达成总体共识，包括通过各国间的合作，削弱和切断恐怖组织的资金与物资来源，打击非法洗钱行为，加强各国移民与海关监管，促进各国立法机构合作，提供相互间的法律帮助和顾问等。此外，在反恐合作的机制建设上，一个由南亚各国首脑峰会、南亚各国内政部长不定期会议以及警察等专业部门领导人会议为主要形式的地区性反恐机制，也已经基本形成并开始运转，从而可以更加有效地协调各国的反恐政策和行动。

## （二）南盟各成员国之间的反恐合作

较之进展缓慢的南盟框架下的地区多边反恐合作，南盟各成员国区域内或区域外双边层次上的反恐合作表现得更为活跃。

印度方面，打击恐怖主义与暴力性宗教极端主义是印美关系中的一项重要内容。2000 年 1 月印度就与美国建立了反恐联合工作组（CTJWG），截至 2008 年底已经召开了 10 次会议。双方签署了《刑事司法互助协定》（MLAT）并已经生效。两国在反恐演练、司法互助方面展开了广泛合作。此外，印度还与另外15个国家建立了反恐联合工作组，并与欧盟及“环孟加拉湾多领域经济技术合作倡议”国家建立了反恐联合工作组。

巴基斯坦方面，巴基斯坦和美国、英国、土耳其等39个国家建立了反恐合作机制。其中，巴基斯坦与中国已经成功举行了三次联合反恐军事演练，两国之间的反恐合作逐步深入。

作为印巴全面和谈的一部分，印度与巴基斯坦也已于2006年9月就两国建立反恐合作机制举行了首轮会谈，并起草了一项打击恐怖活动的联合战略。目前，两国已经建立了定期的反恐磋商机制，进行了多轮会谈。2008年10月24日，巴基斯坦总统扎尔达里与印度总理辛格在纽约出席联合国大会期间举行会谈，决定建立双边联合反恐机制，并且商定在制定反恐措施、分享反恐情报领域进一步加强合作。

此外，南亚部分国家还参加了其他一些区域合作组织，开展了不同层次的反恐双边或多边合作。如印度、巴基斯坦、孟加拉国和斯里兰卡是东盟地区论坛的成员。印度、孟加拉国、不丹、尼泊尔和斯里兰卡是环孟加拉湾经济合作组织（BIMSTEC）的成员。这些区域合作组织都设立了反恐领域合作的内容。

### （三）南亚各国与国际反恐合作机制

国际反恐合作机制的建设起步很早，早在1937年，国际联盟就提出了《防止和惩罚恐怖主义公约》，后来的1949年《日内瓦公约》及1977年《日内瓦议定书》都明确禁止恐怖主义行为。在20世纪50年代全球多次发生劫机事件后，国际社会一方面针对个别的恐怖主义行为建立反恐应对机制，另一方面则通过区域合作，订立区域性的反恐怖主义条约。南亚各国普遍签署了多项反恐领域的国际协定，以有利于南盟在此基础之上开展地区的反恐合作。下表反映了南亚各国加入各类国际反恐协定的情况。

**表:南亚各国加入反恐领域国际公约及时间情况①**

| | 《关于在航空器内犯罪和其他犯罪行为的公约》 | 《制止非法劫持航空器的公约》 | 《制止危害民用航空安全的非法行为公约》 | 《防止和惩处侵害应受国际保护人员包括外交代表的罪行公约》 | 《反对劫持人质国际公约》 | 《核物质保护公约》 | 《制止在国际民用航空服务的机场上的非法暴力行为的议定书》 | 《制止危害大陆架固定平台安全非法行为议定书》 | 《防止危害海洋航行的不法行为公约》 | 《关于在可塑炸药中添加识别剂以便侦测公约》 | 《制止恐怖主义爆炸的国际公约》 | 《制止向恐怖主义提供资助国际公约》 | 合计 |
|---|---|---|---|---|---|---|---|---|---|---|---|---|---|
| 阿富汗 | 1977.4.15 | 1979.8.29 | 1984.9.26 | 2003.9.24 | 2003.9.24 | 2003.9.12 | | 2003.9.23 | 2003.9.23 | 2003.10.1 | 2003.9.24 | 2003.9.24 | 11 |
| 孟加拉国 | 1978.7.25 | 1978.6.28 | 1978.6.28 | 2005.5.20 | 2005.5.20 | 2005.5.11 | 2005.6.27 | 2005.6.9 | 2005.6.9 | 2005.8.16 | 2005.5.20 | 2005.8.26 | 12 |
| 不丹 | 1989.1.25 | 1988.12.28 | 1988.12.28 | 1989.1.16 | 1981.8.31 | | 2005.8.26 | | | 2005.8.26 | | 2004.3.22 | 8 |
| 印度 | 1975.7.22 | 1982.11.12 | 1982.11.12 | 1978.4.11 | 1994.9.7 | 2002.3.12 | 1995.3.22 | 1999.10.15 | 1999.10.15 | 1999.11.16 | 1999.9.22 | 2003.4.22 | 2 |
| 马尔代夫 | 1987.9.28 | 1987.9.1 | 1987.9.1 | 1990.8.21 | | | 1999.3.22 | | | 1999.3.22 | 2000.9.7 | 2004.4.20 | 8 |
| 尼泊尔 | 1979.1.15 | 1979.1.11 | 1979.1.11 | 1990.3.9 | 1990.3.9 | | | | | | | | 5 |
| 巴基斯坦 | 1973.9.11 | 1973.11.28 | 1974.1.24 | 1976.3.29 | 2000.9.8 | 2000.9.12 | 2000.9.26 | 2000.9.20 | 2000.9.20 | | 2002.8.13 | | 10 |
| 斯里兰卡 | 1978.5.30 | 1978.5.30 | 1978.5.30 | 1991.2.27 | 2000.9.8 | | 1997.2.11 | 2000.9.4 | | 2001.10.11 | 1999.3.23 | 2000.9.8 | 10 |

① 孙国祥,“南亚恐怖主义情势及其反恐情势初探”,载于《第二届恐怖主义与国家安全学术研讨暨实务座谈会论文集》(台湾)2006。

由此可见，南亚各国加强反恐合作有着充分的体制基础和共同遵循的国际准则。南盟应该充分发挥这些国际协定的约束作用，推进南盟反恐合作机制的建设，开展南盟反恐合作。

## (四) 南盟反恐合作的新进展

2010 年 6 月，南亚区域合作联盟第三次内政部长会议在巴基斯坦首都伊斯兰堡举行。印度自 2008 年孟买恐怖袭击事件后首次派出高级政府官员访问巴基斯坦并参加会议。各国部长讨论了人口贩卖、签证管理、毒品药品走私、警方合作、情报共享等议题，并着重研究了南亚各国统一反恐战略的建设问题。南盟八国部长一致同意，共同打击恐怖主义及走私、贩卖人口等各种犯罪活动。会议通过了一项包含 27 条内容的决议，并将反恐列为其中的首要议题。在本次部长会议通过的决议中，恐怖主义被称作是“南亚地区最大的挑战”，南亚各国一致认为，恐怖主义对本地区的和平与安全构成了严重威胁，进而影响到地区合作、繁荣以及邻邦的友好关系，因此决定在反恐领域内进一步加强区域合作。

在此次部长会议中，各国首先公布了本国认定的国内恐怖主义组织的名录，并就打击恐怖主义进行了经验交流。大会讨论了加强地区内各国间警察合作的方式与方法，在建立即时情报共享机制以共同打击恐怖主义方面达成一致。但就如何加强警察合作、如何建立各国间警察合作机制的问题上没有提出具体的可行性建议。巴基斯坦提出的在南亚地区建立一个类似于世界警察组织（INTERPOL）的合作机制的建议得到通过，即成立南亚地区警察部队（SAARCPOL），各国同意在下届部长会议上就细节问题再进行讨论。但印度提出的南亚各国签署引渡协议的建议没有得到通过。孟加拉国提出的建立南盟反恐部队的建议也被否决。斯里兰卡则建议成立南盟警察组织来制止地区内的跨境犯罪，以及组织犯罪调查和嫌疑人搜捕等。这次部长会议的亮点在于印巴两国部长的会面，并且两国做出了合作调查恐怖组织的承诺，但通过对会议决议的观察可以发现，除去空洞的语言和口号之外，关于南盟反恐合作的具体可操作性做法仍然是只言片语，因此其成效依然不容乐观。

## 三、南盟反恐合作成效有限及其原因

令人遗憾的是，如同南盟经济合作进展缓慢一样，南盟框架下的反恐合作似乎也总是停留在口头上对恐怖主义的谴责与反恐合作的呼吁上，而缺乏具体的实质性进展，即便在 2010 年第三次部长会议以后，南亚八国仍然没有展现出推动反恐合作、建立统一反恐战略的积极姿态。虽然南盟反恐合作的机制建设已经趋于完善，南盟各成员国在双边和多边上也都建立了种种合作机制，但在反恐合作的具体开展上，南盟取得的成果仍然十分有限。此外，尽管南亚各国都把恐怖主义认定为南亚地区的最大威胁，并将消灭恐怖主义列为南亚区域合作的首要任务，但一致反恐战略的缺失使诸如建立南盟警察和南盟反恐部队的建议都难以得到广泛的认同。究其原因，主要有以下两点：

一是各国对恐怖主义的认定不一致。如，印度与南亚部分伊斯兰国家的反恐理念和目标就不一致。印度把所有反印武装派别均称为恐怖组织，阿富汗则把巴基斯坦武装人员越界渗透看成长期内乱不已的主要原因。巴基斯坦和孟加拉国坚决支持反恐，但坚决反对把恐怖武装与极端宗教思潮混淆。此外，因为“反恐战争”的原因，人们对一些国家的“民族解放运动”的界定也出现了混乱，一些组织因为使用了恐怖主义常用的袭击手段，也因此成为了“恐怖组织”。由此可见，南亚地区的恐怖主义不仅与国家纠纷、宗教矛盾、民族冲突密切结合，而且还往往同一个国家的内部政治、宗教状况有关。南盟各成员国在制定反恐战略时经常会涉及到他国内政。因此，各成员国之间的反恐合作、情报共享很难得到充分展开。在 2010 年的南盟成员国第三次部长会议中，各国为了有效推动反恐合作的实质性进展，均作出了遵守各国立法和国际协议以及互不干涉内政的承诺。

二是南亚两个大国印度与巴基斯坦之间政治互信的缺乏，使南亚地区统一的反恐战略难以制定。事实证明，由于克什米尔争端和宗教矛盾的存在，印巴两国长期存在着对对方的种种猜忌和不信任。即便有些恐怖袭击或者暴力事件是因为国内政治派别冲突或者是社会矛盾等国内因素引起，两国也可能将其产生原因扩大到双边关系层面。因此，虽然印巴两国早已建立了对话机制并一致同意通过对话协商解决恐怖主义问题，但是一旦两国发生恐怖袭击事件，两国政府仍然首先想到的不是集中力量进行证据搜集和案件侦破，而是猜忌对方，或者利用一切可能的机会对对方进行指责，最终导致两国关系不断陷入紧张状态。如孟买恐怖袭击事件发生之后，在证据都还没有搜集齐全的时候，就立即有印度官员指责巴基斯坦是幕后黑手；2007 年 2 月印度开往巴基斯坦的列车（Samjhota Express）受袭之后，巴基斯坦也一度被印度媒体推上风口浪尖。同样，当巴基斯坦在卡拉奇、伊斯兰堡、拉合尔或者其他城市发生自杀式炸弹袭击事件之后，巴基斯坦又会毫不客气地指责印度情报机构在背后作梗。甚至巴基斯坦国内由穆哈吉尔民族运动（Muhajir Quami Movement）发展而来的统一民族运动党（Muthaida Quami Movement）也被长期怀疑与印度情报机构 RAW 有合作关系。[①] 尽管印度派出内政部长奇丹巴拉姆亲自出席了本次南盟部长会议，表现出了缓和印巴关系的姿态。但由于印度对巴基斯坦处理孟买恐怖袭击事件的调查仍存疑惑，因此，两国的反恐合作在这次部长会议中并没有取得什么实质性的进展。

## 四、推动南盟反恐合作实质进展尚需努力

### （一）完善反恐合作机制，建立南盟恐怖主义研究机构

目前，南盟各成员国对恐怖组织认定不一致，有一个很重要的原因，就是各自对恐怖主义的研究标准，研究深度和广度不一致。因此，有必要建立一个南盟反恐研究中心，通过对各成员国专家学者和政府部门对恐怖主义研究的汇总分析，建立统一的数据库，从各国内政、外交、宗教、民族状况等多个维度，来分析

---

① Moonis Ahmar, South Asian Response to the War on Terror.

恐怖主义产生和发展的原因，为各国政府制定有针对性的应对措施提供依据。此外，也可以对其他区域合作组织的反恐合作机制建设开展研究，学习适用于本地区各国反恐合作的经验。

## （二）积极引导各国反恐领域科研工作的客观公正性

“9·11事件”发生后，恐怖主义已经被世界各国列为一项重要的独立研究课题。从南亚各个国家的角度来看，由于地区内宗教和民族矛盾突出，因此在对青少年的教育与研究中应该尽可能多地宣扬积极向上的人生态度，尽可能少地宣扬暴力与复仇，使民众尤其是年轻人具备乐观向上的生活态度，避免受到极端、恐怖组织的误导。政府尤其应当对于宗教学校进行充分的监管，避免宗教学校成为恐怖组织对青少年洗脑的场所。另外，南亚地区由于面临着严峻的恐怖主义威胁，因此，对恐怖主义的研究也成为各国院校和科研机构的重要研究内容之一。各国教育与研究人员应该本着客观与理性的态度，认真研究恐怖主义的成因和本国政策的缺陷，而不是一味地猜忌他国，研究如何从根源上铲除恐怖组织而不是想着如何以暴制暴。

## （三）正确发挥媒体的舆论引导作用

网络、报纸以及电视媒体与恐怖主义有着密切的关系。印度一名社会学家曾经讲到，恐怖组织总是善于利用媒体作为介质来激化社会矛盾，制造并扩大民众心中的恐惧感。[①] 媒体为了收视率而对恐怖事件的广泛报道甚至是歪曲的报道，正好迎合了极端、恐怖组织的行为动机，起到了扩大影响、渲染恐惧的效果。比如说，印度和巴基斯坦发生的恐怖袭击事件，一旦经过媒体歪曲的或者是具有影射性的报道，立即就会在印巴两国民众心中激起对对方国家的仇恨，导致两国外交关系的紧张局面，进而可能酝酿出更多针对对方的恐怖袭击事件。因此，各国媒体在报道恐怖袭击事件的时候，应当遵守一定的"行业道德"，本着客观公正的态度进行报道，避免在没有确凿证据的情况下在媒体上出现对其他民族宗教团体或者别国的影射。在这个方面，南盟有关部门已经开始研究商讨各成员国媒体报道恐怖事件的基本规范。

### （四）缓和印巴关系，促巴基斯坦集中精力反恐

巴基斯坦是南亚地区恐怖主义的最大受害者，同时也是本地区在打击恐怖主义方面付出最多努力的国家。自 2002 年以来，已经有 2273 名巴基斯坦军人和准军事人员在反恐战争中阵亡，数量超过了美国和北约盟军在阿富汗的损失。在过去 4 年，还有超过 3000 名巴基斯坦平民在巴基斯坦各地发生的自杀式爆炸袭击事件中死亡。[②] 印巴关系的紧张，尤其是克什米尔问题的悬而

---

① S. Sanyal, "Media's Perception of Terrorism," Aakrosh (New Delhi), Vo. 9. No. 31, April 2006, p. 29.

② Hasan-Askari Rizvi, "Countering terrorism through Indo-Pak talks", http: //www. dailytimes. com. pk/default. asp? page = 2010 \ 12 \ 05 \ story _ 5 — 12—2010 _ pg3 _ 2

未决，使反印的旁遮普武装份子包括“虔诚军”有了滋生的空间，打着解放克什米尔的口号赚取当地民众的支持。如果印巴双方能够增进对话，缓和关系，那么巴基斯坦将能够更有效地集中精力进行反恐作战，并对时常活动于印控克什米尔地区的旁遮普反印武装分子包括伊斯兰武装组织“虔诚军”（LeT）和“达瓦慈善会”（JUD）等采取更强硬的态度。印度应该从巴基斯坦2009年在斯瓦特、马拉根德和南瓦济里斯坦和其他一些部落地区开展的反恐作战中看到巴基斯坦的反恐决心，停止对巴基斯坦反恐不力的指责。因为对于巴基斯坦而言，“基地”组织、巴基斯坦塔利班和阿富汗塔利班才是它首要的反恐目标，而包括“虔诚军”等在内的旁遮普武装分子并非其直接的威胁来源。

## （五）集中精力缓和内部矛盾才是消灭恐怖主义的王道

除开展国际合作以外，南亚各国还应把重心放在国内的经济发展以及扶贫工作上。以印度为例，每当发生恐怖袭击事件之后，印度官方及媒体总是习惯性地将矛头对准巴基斯坦政府，指责巴方在背后搞鬼或者反恐不力。虽然由于印巴存在克什米尔争端，这样的指控可能有一定的道理。然而，事实上，在印度这样一个幅员广大的国家，其国内的恐怖活动纷繁复杂，有许多持不同意见的族群和宗教团体，不仅仅是克什米尔分离组织会制造麻烦。如果印度政府无法区别对待并对症下药的话，则难以根除。因此，印度政府除了与反政府武装进行谈判以争取达成和解外，还应该大力发展经济，消灭贫困，提高人民生活水平，这也应该被视为是反恐的一个重要组成部分。据报道，印度三分之一的人口生活在贫困线以下，如果这种情况长期得不到改善的话，这些人将成为社会中重要的不稳定因素。

南亚区域经济合作需要印度和巴基斯坦的带领，而反恐合作更离不开印巴两个区内大国的牵头。2011 年 2 月，印度和巴基斯坦外交部同时发表声明称，两国将重启因 2008 年孟买恐怖袭击事件而中止的全面对话，内容将涵盖印度孟买袭击案调查进展在内的反恐问题、和平与安全、克什米尔争端、人道主义、友好交流和经济合作等各方面。在 3 月底举行的两国内政秘书级会谈后，双方发表联合声明称，巴基斯坦将允许印度派调查委员会到巴基斯坦进行孟买恐怖袭击的调查，而巴基斯坦的司法委员会也将到印度了解孟买恐怖袭击审判的相关情况。此外，双方还表示，将推动反恐合作，设立内政秘书电话热线，以实时交换反恐信息。这是印巴两国基于共同反恐的需求而重启的对话与谈判，同时迎合了美国的新阿富汗—巴基斯坦战略，

对于未来南亚地区反恐合作的进展，尚需拭目以待。

**参考文献**

1. Md. Shamsul Islam，Combating Terrorism inSouth Asia：Challenges and Prospects，Draft paper of Research Fellow，BIISS.

2. Dipankar Banerjee，Countering Terrorism：Building a common Approach in SAARC，Paper of Consortium of South Asian Think Tanks（COSATT）.

3. Eric Rosand，Naureen Chowdhury Fink，and Jason Ipe，Countering Terrorism in South Asia：Strengthening Multilateral Engagement，by Inter-

national Peace Institute.

4. Amal Jayawardane，SAARC as a Regional Mechanism to Counter Terrorism，Paper of the “Building Stronger Partnershisp to Prevent Terrorism” Conference，Organized by the Center on Global Counterterrorism Cooperation，Washington，DC.

5. 王伟华，“南盟地区的反恐合作机制及其影响”，载《亚非纵横》2009 年第 2 期。

6. 赵伯乐，“南亚反恐局势的特点及走向”，载《外交评论》2009 年第 3 期。

7. 胡志勇，“南亚恐怖主义的特点及根源析论”，载《现代国际关系》2008 年第 12 期。

8. 胡志勇，“宗教视野下的南亚恐怖主义特征与反恐的若干思考”，载《世界宗教文化》2010 年第 5 期。

9. 孙国祥，“南亚恐怖主义情势及其反恐情势初探”，载《第二届恐怖主义与国家安全学术研讨暨实务座谈会论文集》（台湾）2006。

# 巴基斯坦的反恐斗争及其走向

单翔宇①

2001年的“9·11”事件和随后的阿富汗反恐战争，彻底改变了美国与巴基斯坦的关系，逐渐将巴基斯坦及其部落地区推向矛盾与冲突的风口浪尖。根据巴基斯坦政局和反恐政策的转变情况，可把巴基斯坦境内的反恐斗争分为两个时期：穆沙拉夫时期和扎尔达里时期，这两个时期又呈现出不同的发展阶段，各阶段的政策不同，实施效果也不同。

## 一、穆沙拉夫时期的反恐斗争（2001年9月—2008年8月）

穆沙拉夫时期，巴基斯坦的反恐斗争经历了以下三个发展

① 作者系四川大学南亚研究所国际关系专业硕士研究生。

阶段。

## (一) 酝酿阶段 (2001 年 9 月—2003 年 6 月)

“9·11”事件发生之前，由于在发展核军备等问题上的争执，美国与巴基斯坦的双边关系曾经跌入低谷。但“9·11”事件改变了整个美巴关系，布什政府重新“发现”了巴基斯坦的战略价值。没有了巴基斯坦的支持，美军甚至都无法开赴阿富汗战场。因而，美国政府立即通过多渠道对穆沙拉夫政权进行武力威逼和利益诱惑，逼其在反恐问题上明确表态。① 巴基斯坦是当时承认阿富汗塔利班政权合法性的三个国家（巴基斯坦、阿联酋和沙特）之一，巴国军队的三军情报局（ISI，Inter Service Intelligence）更与塔利班的形成和壮大有着千丝万缕的联系。不仅如此，考虑到巴国境内上千万普什图人的民族和宗教倾向将会直接影响巴基斯坦的国家安全与稳定，穆沙拉夫政权必须在这个关系到巴基斯坦前途命运的问题上做出决断。最终，在仔细衡量了利弊得失之后，穆沙拉夫决定站在美国的反恐阵营之中。据称，在做出这个决定之前，巴基斯坦军队曾三次评估与美军全面开战之后的军事前景。

在阿富汗战争初期，巴基斯坦向美国提供的反恐合作与援助被归纳为六个方面：向美方开放巴基斯坦领空；在不承接攻击行动的条件下向美国提供巴基斯坦的军事基地；派遣巴国军队保护

① 朱海博：《穆沙拉夫时期的美巴关系研究：以反恐与南亚核问题为切入点》，云南大学硕士论文，2010 年 5 月，14—16 页。

美国在巴的军事基地和军舰；提供军事后勤支持；派遣军队守卫阿巴边境以切断塔利班和基地组织的后路；开放巴基斯坦地域允许美国建立情报据点。[①] 这些合作大大便利了美军在阿富汗的战争。2002 年 1 月，巴基斯坦派 8 万军队封闭阿巴边境，协助美军在阿东部边境搜捕本·拉登等基地组织和塔利班残余分子，并抓获了上百名越境武装分子。

但是，巴基斯坦与美国的进一步反恐合作并未能顺利展开。印巴两国在克什米尔问题上的冲突由于 2001 年 12 月的印度议会大厦袭击事件而骤然加剧。印度将矛头指向了巴基斯坦境内的“穆罕默德圣战组织”（Jaish-e-Mohammed）并谴责巴基斯坦的越界袭击为“政府支持的恐怖主义”（State-sponsored Terrorism），巴基斯坦则回敬印度在克什米尔的高压政策是“国家恐怖主义”（State Terrorism）。[②] 印度从 2001 年 12 月到 2002 年 10 月共向印巴边境派驻超过 70 万的军队。[③] 巴基斯坦则将阿巴边境的军队东调，双方在边境和克什米尔控制线附近剑拔弩张。在美国的调解之下，穆沙拉夫在 2002 年 1 月 12 日发表了重要电视讲话，表明了坚决打击恐怖组织、消灭其活动基地的决心，强烈抨击教派极端主义，表达了改善巴印关系的善意。同时，巴基斯坦政府还在全国范围内搜捕教派极端组织，禁止“穆罕默德圣战组织”、“拉什卡尔民兵组织”（Lashkar-e-Taiba）等极端主义武装

---

① Imtiaz Gul，Afghanistan Imbroglio：Implications for Pakistan's Tribal Areas，Policy Perspectives Vol. 5，Islamabad：April 2008，P72.

② 张力：《“9·11”事件后美国反恐战略对南亚安全格局的影响》，《四川大学学报》（哲学社会科学版），2006 年第 6 期，23—27 页。

③ 谢许潭：《美国与巴基斯坦反恐合作研究》，中央党校博士论文，2010 年 6 月，101 页。

组织，命令三军情报局停止支持巴境内在克什米尔展开活动的武装派别，这些行动得到了印度政府和舆论一定程度的认可。[①] 在此基础上，巴印关系才逐渐和缓下来。在美国的压力下，穆沙拉夫的安全重心开始向部落地区转移。

## （二）实施阶段（2003 年 6 月—2007 年 7 月）

2003 年 6 月，穆沙拉夫政府第一次派遣军队进入 FATA 地区。至 9 月，派遣的军队达到 2.5 万人。不久便在瓦济里斯坦打死了大约 300 名基地组织成员，大多是外籍武装分子。巴军的矛头并没有指向部落区的极端武装组织。穆沙拉夫的反恐战略是明确的：巴基斯坦境内最主要的反恐对象是定居区域内的宗教极端组织和渗透入境的基地组织成员。在 FATA 等部落区域，军队是不会开展大规模军事行动的。加入极端组织体系的巴基斯坦个人和组织可以通过谈判、教育等手段使其回归正常社会制度之中。

穆沙拉夫的战略和政策主要取决于三个原因：首先，巴基斯坦部落区有长期的自治传统，军队的进入和围剿必将引起局势的动荡和部族的不满，这将威胁到国家的统一与稳定。因而，军队进入部落区只能追剿基地残余分子，尤其是外籍武装分子。其次，巴国内的宗教政治势力是穆沙拉夫的执政盟友，而他们对美

① Musharraf bans Lashkar, Jaish; invites Vajpayee for talks, The Hindu, Jan 13, 2002, http://www.hindu.com/thehindu/2002/01/13/stories/2002011301010100.htm.

国的反恐战争持强烈保留或者干脆反对的态度。① 在2002年大选后，5个宗教政党的联盟“联合行动同盟”（MMA）在西北边境省执政，并与支持穆沙拉夫政权的穆斯林联盟（领袖派）（PML-N）联合在俾路支省执政。穆沙拉夫既需要这些宗教政党的政治支持以保证权力的延续，又要极力避免政府与宗教势力的彻底分裂，防止宗教势力站在极端分子一边，与政府叫板。因而，部落地区的宗教学校和部落武装不能成为反恐的目标。第三，在国际环境方面，2003年3月开始的伊拉克战争对巴基斯坦政府和国内舆论产生了新的冲击。这场缺乏联合国授权的战争缺乏正当理由和充分证据，被广大穆斯林认为是美国的新时代“十字军东征”，引起了强烈的反美情绪。尤其是2005年阿布格莱布监狱“虐囚”事件曝光之后，更引爆了世界各地穆斯林的怒火。这必然会削弱穆沙拉夫政府打击恐怖主义的思想支撑和政治意愿，更强化了他将基地组织和部落武装相分离的政策思路。美国反恐重心的这次“西移”，不仅给了基地组织和塔利班喘息之机，更使得本·拉登、奥马尔等人为自己的反美行为贴上了保护伊斯兰和穆斯林的标签，吸引越来越多的巴国部落民众和世界各地的圣战者涌入阿富汗和伊拉克等地，造成了当地形势的急速恶化。

除了美国的伊拉克战争对于巴基斯坦反恐战略的恶劣影响之外，穆沙拉夫反恐战略的弱点还在于其实施的难度。许多基地组织的资深成员早在阿富汗“圣战”抗击苏军期间就居于巴部落地

---

① 张力：《巴基斯坦政局演变对反恐形势的影响》，《南亚研究季刊》，2008年第3期，10页。

区，其中部分人已在当地娶妻生子、取得巴基斯坦国籍。因而，基地组织成员与当地部落武装很难分辨。加之普什图人传统社会准则中要求誓死“庇护”客人，还有巴军进入部落区后对当地的原有生活产生冲击，部落民众对军队没有丝毫好感，以致经常袭击军队。瓦济里斯坦等地区形势日趋恶化。2004 年 3 月，为协同美军在阿富汗的“春季攻势”，巴基斯坦军队出动 6000 多人在南瓦济里斯坦围剿恐怖分子。总共交火 12 天，打死的恐怖分子还不足 100 名，军队死亡 46 人。[①] 但也有人估计军队的死亡人数超过 500。[②] 这说明，在初期抓捕基地成员的行动取得些许战果之后，穆沙拉夫的反恐战略已经难以再取得进一步的成功。而军队在反恐战斗中却因为被束缚了手脚而死伤惨重、士气低落。穆沙拉夫只得将战略重点转向军事行动与和平谈判并重。

早在 2003 年下半年，巴基斯坦军中的萨夫达尔·侯赛因中将就曾经通过伊斯兰神学者协会（法兹勒派）的法兹勒·拉赫曼毛拉推进与南瓦济里斯坦伊斯兰激进分子主持的穆甲西丁舒拉会议（Mujahidin Shura）进行和谈。2004 年 4 月 24 日，军队与南瓦地区的武装分子达成和解协定。协定要求：外国武装分子向当局投降并登记后，即可以作为普什图人的客人居留当地。但几乎没有人向政府投降或自首。[③] 在之后的两三年时间里，军队与南瓦、北瓦以及巴焦尔等地的武装分子打打谈谈，签订了很多个和

① 谢许潭：《美国与巴基斯坦反恐合作研究》，中央党校博士论文，2010 年 6 月，119 页。

② Khalid Aziz，Causes of the Rebellion in Waziristan，Criterion quarterly，vol. 2，April-June 2007，P20.

③ Khalid Aziz，Causes of the Rebellion in Waziristan，Criterion quarterly，vol. 2，April-June 2007，P22.

平协议，但大多没能维持多久。最为重要的协议是2006年9月与北瓦武装头目哈菲兹·戈尔·巴哈达签订的《北瓦济里斯坦和平协议》和2007年3月与巴焦尔武装达成的和平协议。

就在这打打停停的几年里，虽然巴基斯坦与美国通力合作，逮捕了奥贝杜拉等阿富汗塔利班领导人，但巴部落地区发生了不利于巴基斯坦反恐形势的重大变化。其一，持续的战乱和局势的动荡，使得部族领袖和长老们缺乏应有的保护。已经有数百名部族长老遭到武装分子的暗杀或处决，这使得原有的社会管理结构被瓦解，传统协调和解决问题的途径已经失效。相对应的是，巴基斯坦军队绕开地方行政权力机构和政治代理人同武装分子媾和，同样也损害了他们的政治影响力，政治和解的可能性越来越小。[①] 其二，激进武装组织日渐强大，逐渐消灭了当地有组织的部落武装，不断地汇流与融合，最终在2007年之后形成了组织性更强、更完善的塔利班型武装集团，如巴基斯坦塔利班运动（TTP）发展到了1.2万—2万人的规模。这些集团的势力往往超出某一部落或地区，能够发动广大范围内的同时袭击，不断扩大巴基斯坦的不稳定区域，造成安全状况的整体恶化。这一恶化的形势一直持续到2010年才得以扭转。据巴基斯坦和平研究所（PIPS，Pak Institute for Peace Studies）的年度安全报告，巴基斯坦全国的恐怖袭击数量从2005年的254起，直升至2009年的3816起。2007年FATA地区的恐怖袭击数量比上年增加了200%以上，伤亡人数上升了338.8%。[②]

---

① Khalid Aziz, Causes of the Rebellion in Waziristan, Criterion quarterly, vol. 2, April-June 2007, P9 and P20.

② Pakistan Security Report 2006, 2007, 2008, 2009, 2010, PIPS.

巴基斯坦与激进武装之间的和平协定让阿富汗的安全形势更加恶化。美国军队、情报机构和舆论纷纷质疑巴基斯坦的反恐决心，美国驻阿富汗大使艾肯伯里（Eikenberry）将军2007年1月就指责说，在巴基斯坦媾和协议签署后，塔利班在阿富汗东部的袭击次数在两个月内增加了近300%，每月的袭击次数从40次增加到140次。[①] 对于美国和阿富汗卡尔扎伊政府不断提出的由驻阿联军进入巴边境部落区搜捕极端主义分子的建议，穆沙拉夫政府和军队坚决予以拒绝，认为这将损害巴国主权和稳定，会让巴基斯坦成为下一个阿富汗。

### （三）强化阶段（2007年7月—2008年8月）

虽然部落地区的安全形势快速恶化，但穆沙拉夫政府与北瓦济里斯坦和巴焦尔的和约仍然有效。真正打破这一现状的是2007年7月的红色清真寺事件。在经过数个月的耐心劝说和调解之下，红色清真寺中的武装分子和宗教学生仍然不肯向政府投降。最终，穆沙拉夫决定采取军事突袭行动，最终造成134人死亡，200多人受伤。[②] 政府“先礼后兵”的做法虽然得到了越来越多民众的支持，但武力的使用直接宣布了军队与宗教政治势力联盟的破裂。极端武装分子借机撕毁停战协议，在全

---

① As Raids on Afghan Border Increase, U. S. Military Seeks More Troops, New York Times, http://query.nytimes.com/gst/fullpage.html? res = 9D06E6DF1130F934A25752C0A9619C8B63&scp = 1&sq = Eikenberry% 2040% 20140&st=cse&pagewanted=1, jan, 17, 2007.

② 周戎：《“红色清真寺”危机始末》，光明日报，2007年7月5日，第8版；及 Pakistan Security Report 2007，PIPS.

国大中城市发起了自杀式炸弹袭击，国内安全环境从下半年开始急剧恶化。

2008年，西北边境省首次超过连年骚乱的俾路支省，成为遭受恐怖袭击最多的省份，袭击数量达到1009起。在FATA，极端势力武装的活动范围原来仅限于南瓦、北瓦、巴焦尔等地，之后一下子扩展到FATA的全部七个地区和西北边境省的班努、科哈特、卡拉特（Karat）、德拉·伊斯梅尔·汗、迪尔、兰奇马瓦特、斯瓦特和坦克等地区。[①] 巴基斯坦西北部落区，甚至整个巴基斯坦西北地区的塔利班化形势非常明显。穆沙拉夫的反恐政策受到空前挑战。

为扭转国内安全形势，也为了向美国等盟友表明自己坚定的反恐决心，穆沙拉夫政府一方面继续极力挽回与部落武装的和平协议，另一方面加大反恐的军事力度和打击范围，在斯瓦特、巴焦尔等地方展开重大军事行动。2008年巴全国范围内恐怖袭击造成的伤亡人数是：2267死、4558伤。但若加上政府军事行动、武装冲突、政治暴力事件、教派冲突和边界冲突造成的伤亡的话，总人数就达到了7997死、9670伤。这一数字比之前三年的总和还要多。仅军事行动带来的死亡人数就高达3180人。[②] 但巴基斯坦的安全状况并未能改善。回国参加选举的前总理贝娜齐尔·布托也在自杀式袭击中丧生。在2007年底和2008年巴基斯坦的政局动荡中，丧失了宗教势力支持的穆沙拉夫虽然以平民身份再次当选了巴基斯坦总统，却已经渐渐失去了国内民众对他的

① Pakistan Security Report 2008，PIPS.
② Pakistan Security Report 2008，PIPS.

政治支持。在国内几大政党的联合推动下，2008 年 8 月，他不得不黯然离开了总统的职位，流亡国外。

## 二、扎尔达里时期的反恐斗争（2008 年 9 月至今）

扎尔达里时期，巴基斯坦反恐斗争也经历了以下三个发展阶段。

### （一）战略确立阶段（2008 年 9 月—2009 年 4 月）

在 2008 年 2 月的巴基斯坦议会选举中，遇难的前总理贝·布托所属的人民党成为新一届议会的第一大党，在 324 个总席位中赢得了 124 席。人民党联合第二大党穆斯林联盟（谢里夫派）、人民民族党（ANP）、伊斯兰神学者协会（法兹勒派）组成执政联盟，并于 8 月成功将穆沙拉夫赶下总统大位。之后，穆盟（谢）退出执政联盟，人民党又将民族统一运动党（MQM）拉入其中。9 月，人民党联合主席阿西夫·阿里·扎尔达里成功当选总统。扎尔达里总统和同属人民党的吉拉尼总理，成为引领巴基斯坦未来走向的新舵手。

2008 年 9 月 20 日，扎尔达里在巴基斯坦议会两院联席会议上首次发表演讲，阐述其反恐与外交政策。在强调巴基斯坦在反恐行动中的主权不可侵犯之后，扎尔达里将他的反恐政策归结为三点：与愿意放弃武力、要求和平的人和睦相处；对拒绝放下武器、挑战政府权威和袭击安全部队的武装分子适用武力；努力促进当地经济发展和人民生活水平的提高。[①] 这一表述除了强调安全建设和经济建设两项并举之外，更重要的是将巴政府与塔利班武装之间的关系定性为秩序维护者和叛乱者之间的关系，避开了极端主义者关于“亲美”还是“亲伊斯兰”的单项选择题。

在政策的执行中，扎尔达里沿袭穆沙拉夫时期军事打击和和平谈判的两手政策，但不再区分基地分子和部落武装。对敢于挑战政府权威与违背和谈结果的武装组织给予坚决打击。政府还积极联络和团结传统部落武装，一起打击极端塔利班组织，以增强军事打击的当地民意支持。[②] 另外，扎尔达里政府还放低姿态积极与穆盟（谢里夫派）、伊斯兰神学者协会（法兹勒派）等政党、宗教人士沟通，加强反恐政策的政治支持和民意基础。

在不到一年的时间里，扎尔达里并没有在全部范围内开展大规模的反恐行动，而是先将军事行动的矛头继续对准了形势微妙且地位关键的巴焦尔、莫赫曼德、开伯尔等地区。据不完全统计，在巴焦尔的军事行动中打死打伤武装分子 3100 人以上，其中包括 321 名外国武装分子。但军事行动也造成了该地区大约 50 万难民流离失所。[③] 另外，政府还与多个希望谈判的武装组织接触，并达成了一些重要的和约。

---

① 谢许潭、张明：《“扎尔达里时代”美巴反恐合作的制约性因素分析》，《世界经济与政治论坛》，2009 年第 4 期，67 页。

② 参见 Islamists and army join forces against insurgents，Guardian，Oct. 21，2009，http：//www. guardian. co. uk/world/2009/oct/21/good-taliban-pakistan-army-attack.

③ 马加力杜冰：《扎尔达里政权困局解析》，《亚非纵横》，2006 年第 6 期，52 页。

与此同时，2009年1月入主白宫的奥巴马政府在3月27日正式出台了新的反恐战略——阿富巴（Af-Pak）战略，将反恐中心从伊拉克战场“东移”回归。美国新的反恐政策一方面借用伊拉克战争中的经验教训，提出增兵战略与和解战略，以稳定阿富汗局势；强调发起“民政攻势”（Civilian Surge），向阿富汗派遣农业、教育、工程和法律专业人才，帮助阿富汗实施政权建设和提高政府效率，争夺阿富汗民心。这与扎尔达里的政策有类似的地方。另一方面，阿巴战略将巴基斯坦的反恐行动同阿富汗战争结合起来，加强美阿巴三方合作，强化巴基斯坦的反恐能力。另外，美国还谋求世界其他国家和组织对反恐的援助和合作。①

为此，美国对巴基斯坦新政府加大了援助力度。2009年，美国决定5年内向巴基斯坦提供75亿美元的非军事援助。2010年10月，美国决定将对巴基斯坦的军事援助增加20亿美元。从而使美国对巴基斯坦的总援助金额从2008年的20.43亿美元增加到2009年的30.39亿美元，初步估计2010年美国援巴额度达到43.47亿美元。② 美国还在巴基斯坦同IMF的谈判中出手相助，让扎尔达里政府在相对宽松的条件下接受了IMF的经济救济。另外，英国外相米利班德也表示，英国将在4年内提供6.65亿英镑的援助。③ 在巴基斯坦的要求下，美国还向巴军提供

---

① Prepared Remarks of President Barack Obama：A New Strategy for Afghanistan and Pakistan，New York Times，Mar. 26，2009，http：//www. nytimes. com/2009/03/27/world/asia/27remarks. html.

② Direct Overt U. S. Aid and Military Reimbursements to Pakistan，FY2002-FY2011，美国国会研究服务部 Congressional Research Service，http：//www. fas. org；

③ UK pledges 665 m pounds aid to Pakistan，Pakistan Times，http：//pakistantimes. net/pt/detail. php? newsId=10168 ；

了“影子”无人机和“扫描鹰”无人机。[①]

## (二) 重点打击阶段 (2009 年 4 月—12 月)

扎尔达里政府的反恐政策转入重点打击阶段，源于斯瓦特地区塔利班组织的疯狂挑衅。2009 年 2 月政府与斯瓦特地区“执行先知穆罕默德法典运动”达成协议，4 月由巴基斯坦议会通过并经扎尔达里签署生效。政府在协议中同意在西北边境省的马拉坎德地区（Malakand）实施沙里亚法。但该组织却越出协议范围，将势力扩大到周边的迪尔地区和布内尔（Buner）地区，4 月 21 日在布内尔地区设立检查站，实施武装巡逻，强行实施沙里亚法。而布内尔距离巴国首都伊斯兰堡仅 60 英里，这引起巴基斯坦和国际舆论一片哗然。

因而，巴基斯坦军队开入北方的斯瓦特和周边的迪尔、布内尔、马拉坎德等地区，展开大规模清剿行动。之后，巴军还在 FATA 连续展开了 5 场军事行动：Rah-e-Rast（真正道路）、Rah-e-Nijat（拯救之路）、Darghalam、Bia-Draghalam 和 Kwakhbadesham。行动的焦点集中在南瓦济里斯坦地区。到 2009 年 12 月，大规模军事行动基本结束，军事围剿的重点转向塔利班残余分子逃往的奥勒格宰（Orakzai）和班努等地区。

在巴安全部队和塔利班武装的激烈交锋下，2009 年的恐怖袭击伤亡人数和全国伤亡总人数都达到了顶峰。全年共发生恐怖

---

① Pakistan to choose between two surveillance systems; says Flournoy, Pakistan News, Aug. 7, 2010, http://www.pakistannews.com.pk/national/pakistan-choose-surveillance-systems-flournoy.html;

袭击 2586 起，造成 3021 人死亡，7334 人伤。其中西北边境省最多，发生了 1137 起。FATA 地区也发生了 559 起。加上军事行动、宗派冲突、边境冲突等造成的伤亡，伤亡总人数达到创纪录的 12632 人死亡，12815 人受伤。这一数字比 2008 年上升了 48%。在军队的大规模行动中，仅恐怖主义嫌犯就逮捕了 12866 人，其中 75 人被认为是基地组织成员。贝图拉·马苏德等巴基斯坦塔利班组织的重要领导人被打死。①

扎尔达里政府的强力反恐政策能够取得如此大的成效，不仅仅是因为不再区分基地分子和当地部落武装分子。在 2001 年的反恐战争开启 8 年后，部落地区和整个国家的社会生活都发生了巨大变化。这些变化使扎尔达里政府的反恐环境发生了有利的转变。

转变一：政党政治的正当性与合法性远比之前的穆沙拉夫军人政权要强，这给予扎尔达里政府更强的民意代表性和权威性。2001 年的穆沙拉夫在矛盾与彷徨中为巴基斯坦国家的命运而艰难抉择，换来的却是被极端分子和部分国民称为“美国的走狗”。扎尔达里政府面临的舆论压力则要小得多。其实，扎尔达里政府与美国的关系远比穆沙拉夫时期要亲密，采取的军事行动也更为激进。

转变二：在 2008 年的议会选举中，由于世俗政党不再抵制选举且竞选环境大大优于 2002 年，宗教政治势力获得的选票大大减少，不能在政治上再强力地牵制政府当局。以联合行动同盟（MMA）为例，在国民议会（下院）席位从 59 席减少到可怜的

① Pakistan Security Report 2009，PIPS.

6 席。在西北边境省，联合行动同盟的第一大党位置被人民民族党夺走，变为第三大党，不再具有执政资格。同样，在俾路支省也只剩下了 7 席。[①] 这反映了宗教政党所利用的反美情绪在连年的战乱中已经逐渐褪去，塔利班武装分子的杀戮、炸弹袭击、抢劫、毁坏学校和商店等行为，已经让人们避而远之。据盖洛普 2010 年 3 月发布的调查结果，2009 年 11－12 月和同年 5－6 月相比较，对塔利班持负面倾向的人在增多，从 63%增加到 72%。持积极倾向的人则降低到了 4%。而且，在巴基斯坦的四个省份中都出现了同样的趋势。[②] 由巴基斯坦和平研究所（PIPS）2010 年 6 月发布的调查结果也显示，虽然仍有 63.6%的巴基斯坦人反对加入美国的反恐阵营，但有 46.3%的人认为，塔利班并不是为伊斯兰而战。尤其重要的是，在塔利班活动最活跃的 FATA 和开伯尔—普赫图赫瓦省，仅有 22%和 25.3%的人认为塔利班是为伊斯兰而战。[③] 显然，巴基斯坦的民意在几年间已经悄然发生了重大变化。

### （三）战略深化阶段（2010 年至今）

经过血雨腥风的 2009 年，巴基斯坦的安全形势终于出现了逆转的情况。2010 年恐怖袭击的数量比 2009 年减少了 18.3%，

---

① 陈继东：《巴基斯坦议会选举与政党实力消长》，《南亚研究季刊》，2008 年第 2 期，24－28 页。.

② Taliban Increasingly Unpopular in Pakistan，Mar. 12，2010，http：//www. gallup. com/poll/126602/taliban-increasingly-unpopular-pakistan. aspx；

③ Amir Wasim：Most Pakistanis are pacifist，says survey，Dawn，Jun. 9，2010，http：//archives. dawn. com/archives/38029；

总体伤亡人数则减少了 11.1%。在开伯尔—普什图赫瓦省发生的恐怖袭击数量从 1009 起大幅减少至 459 起。FATA 的袭击数量则有所增加，上升为 720 起。其中安全形势最为严峻的地区是巴焦尔、莫赫曼德、开伯尔以及临近的奥勒格宰、白沙瓦。[①] 军队的大规模打击行动主要集中于奥勒格宰和班努等地区，并打死了哈基姆拉·马苏德等塔利班组织领导人。但与此同时，各地区恐怖袭击的数量显示恐怖主义活动有向巴基斯坦东部和南部扩散的趋势。

另外，2010 年的安全形势变化还与美国和巴基斯坦围绕北瓦济里斯坦的争端相关。北瓦济里斯坦是扎尔达里政权上台以来在 FATA 唯一没有开展过大规模军事行动的地区。美国政府极力劝说巴政府趁反恐局面良好之机，进一步横扫北瓦地区，重创哈卡尼网络（Haqqani Network）等塔利班武装，为美国在阿富汗的反恐战争断掉对手的后路。但巴政府几度加以拒绝。虽然数年来新闻媒体不乏哈卡尼网络与巴基斯坦政府和军方讲和，甚至与卡尔扎伊政府秘密会谈的消息，[②] 但巴基斯坦政府都予以否认。而目前扎尔达里政府的表态似乎说明，两者之间很可能存在着私底下的和平协定。为此，美国加大了对巴基斯坦政府的压力并且向外透露联军的无人机越境攻击是巴方密切配合的结果。2010 年，美军无人机对 FATA 地区的攻击次数增加了 165%，[③] 其中绝大部分目标都在北瓦济里斯坦。美国显然不打算为巴政府

① Pakistan Security Report 2010，PIPS.

② Taliban Holds Secret Talks With Afghan President，CBSNEWS，Oct. 31，2010，http：//www.cbsnews.com/stories/2010/10/31/world/main7008906.shtml；

③ Pakistan Security Report 2010，PIPS.

“留点面子”。美国资深参议员卡尔·李维（Carl Levin）2010年7月11日在喀布尔敦促巴军打击哈卡尼网络。[①] 9月27日，北约直升机越境空袭FATA库拉姆地区打死5人，巴外交部提出强烈抗议。9月30日，北约直升机在追击嫌犯时，误伤巴基斯坦边防哨所中的士兵，造成2死4伤。巴基斯坦关闭北约联军的后勤补给线作为回应。10月6日，美巴公布联合调查报告结果，驻阿美军总司令彼得雷乌斯（Petraeus）做出正式道歉，双方的关系才趋于缓和。10月8日，巴政府决定再次开放托尔哈姆边境。[②] 但美方仍然在北瓦问题上继续向巴政府施压。2011年3月，彼得雷乌斯表示，巴方非常有必要在北瓦展开反恐行动。[③] 3月27日，希拉里·克林顿国务卿在电视节目中公开暗示，美巴关系正在变得紧张，说巴基斯坦在需要援助和消除恐怖主义威胁之间摇摆。[④] 目前，美巴双方在北瓦问题上的博弈还在继续。未来的发展取决于地区形势的走向。

在整体安全形势好转的背景下，扎尔达里的反恐政策正在迈入深化发展的方向。标志之一，就是巴政府正在积极推动各地方的重建和恢复工作，通过利用外国经济援助和中央政府的财政资源，来帮助深受洪灾和战乱之苦的部落地区走上重建之路。2010

---

① US Sen. Levin urges Pakistan to crack down on al-Qaida-linked Haqqani militant network，Fox News，July 11，2010，http：//www.foxnews.com/world/2010/07/11/sen-levin-urges-pakistan-crack-al-qaida-linked-haqqani-militant-network/；

② Govt decides in principle to reopen Torkham，Dawn，Oct. 8，2010，http：//www.dawn.com/2010/10/09/govt-decides-in-principle-to-reopen-torkham.html；

③ Pakistan must take action in North Waziristan：US，Dawn，Mar. 18，2011，http：//www.dawn.com/2011/03/18/pakistan-must-take-action-in-north-waziristanus.html；

④ Clinton hints at strained US ties with Pakistan，AFP，Mar. 27，2011，http：//www.google.com/hostednews/afp/article/ALeqM5iT9h7xRYPdS5A16fdBa8N6TrDjkA?docId=CNG.82fce0d1e069b2865b114176f57c0264.7d1；

年3月，总理吉拉尼批准了西北边境省、FATA和PATA（省直辖部落区）恢复经济的修订案，其中包括免除布内尔、斯瓦特、马拉坎德和奇特拉尔的全部债务。[①] 另外，为了向落后的部落地区宣传正确的政府方针和宗教观念，2010年5月，巴基斯坦从美国国际开发署获得2台价值800万美元的调幅发射机，用以提高白沙瓦等地的广播覆盖率。[②] 巴基斯坦和平研究所还制定了反激进主义运动的FM广播计划，正筹备实施。[③] 在此之前，部落地区只能收听到BBC、Khosh Radio、VOA和印度的广播频道。[④]

总之，扎尔达里政府在形势渐趋稳定的基础上已经将其反恐战略推向深入。除非巴国的安全形势再次出现失控的状况，否则巴基斯坦的社会将逐渐回归正轨，塔利班组织的影响力将有所降低。民主化进程对于巴国治理情况的改善效果，也将逐渐浮现。

## 三、影响巴基斯坦反恐斗争走向的三大因素

通过以上对“9·11”事件以来巴基斯坦反恐进程的梳理，

---

① Prime Minister approves revised relief package for NWFP，APP，Mar. 13，2010，http：//www. app. com. pk/en _/index. php? option＝com _ content&task＝view&id＝98445&Itemid＝2；

② $8m deal inked with US for radio transmitters upgradation，The News，May 7，2010，http：//thenews. jang. com. pk/TodaysPrintDetail. aspx? ID ＝237964&Cat＝2&dt＝5/7/2010；

③ 详情参见 www. san-pips. com；

④ Khalid Aziz，Causes of the Rebellion in Waziristan，Criterion quarterly，vol. 2，April-June 2007，P29.

可以看出，巴基斯坦的反恐斗争与众多社会宗教等因素存在关联。其中影响到其将来走向的重大因素有以下三项：

其一，巴基斯坦普什图部落地区的治理状况是影响巴国反恐斗争的最主要因素，也是推动巴反恐斗争走向的直接动力。无论是穆沙拉夫时期在反恐行动中的弱势地位和各种被动情势，还是扎尔达里担任总统之后反恐局面的逆转，都可以追因于部落地区极端主义势力的兴衰和舆情发展。但仅仅从“9·11”事件之后的巴基斯坦部落发展情势去寻找恐怖主义的发端是远远不够的。这场影响力远远超出中亚和南亚范围的恐怖主义战争，其根茎早在英国殖民者来到普什图部落区域之后就慢慢扎了下来。在英帝国强行将普什图部落一分为二之后，杜兰线两侧的各届政府对部落的自治状况没有什么改变。作为阿富汗人口最多的民族，普什图人长期在阿富汗政治权力分配中缺乏相应的地位，使得阿富汗一侧的部落区域容易产生矛盾与冲突。加之20世纪下半期的冷战赋予了更浓重的意识形态对抗色彩，普什图人的正常经济社会生活逐渐被扭曲，阿富汗成为圣战者的天堂。在这个过程中，巴基斯坦的伊斯兰化和对圣战者组织的援助起到了非常重要的作用。冷战结束之后，美国撤出了该地区。阿富汗则陷入了内战。虽然巴基斯坦、沙特和伊朗，尤其是巴基斯坦在促进阿富汗各方和解和谈做出了很多努力，① 但陷入极端主义情绪的普什图部落却无法自拔。之后的结果就是在内战中逐渐胜出的塔利班势力与“9·11”之后的反恐战争。从这个意义上讲，美国和巴基斯坦的

① Khalid Aziz, Causes of the Rebellion in Waziristan, Criterion quarterly, vol. 2, April-June 2007, P17.

反恐难题正是自己在多年前种下的。尤其是2006－2008年从阿富汗蔓延到巴部落地区（甚至是更广大区域）的战火与骚乱，已经从事实上将巴基斯坦同阿富汗的反恐连成一体。奥巴马的阿富巴战略正是看准了问题的这一方面而做出了相应的调整。

其二，巴基斯坦的反恐斗争既受制于普什图部落的治理状况，又为部落地区治理的改善和变革带来了契机。部落地区的未来发展正是影响未来巴基斯坦反恐大局走向的关键性因素。普什图部落长久维系的治理现状，不能仅仅归罪于历届政府的决心不足，而是因为长期缺乏推动变革的积极力量和事态发展，难以打破维护旧体制和旧有利益分配的强大障碍。极端主义势力的崛起，也许（或者说很大程度上）并不是部落地区的旧有权势集团和人们的原本愿望，但这一崛起已经打乱了普什图人原有的社会结构和生活方式，破坏了原有的权力架构平衡。政府也已经被迫将势力和影响力延伸到该地区。政府在进行长期的反恐行动之余，无疑必须要考虑到今后部落地区的社会重新构建和走向。这已经在巴基斯坦国内成为热烈讨论的话题。其中近几年来被反复提及的核心问题，就是关于FATA的改革。

大多数巴基斯坦人都主张改革FATA，虽然许多人提出的改革方案有很大的差别。2011年3、4月间，巴基斯坦舆论又掀起了讨论这一问题的热潮。3月20日，包括朝野主要政党在内的10个政党联合呼吁扎尔达里总统改革FATA地区。3月26日，10党组成的联合委员会建议总统将2002年政党法令（Political

Parties Order）的效力扩展到 FATA 地区。[①] 3 月 29 日，扎尔达里总统的发言人巴巴尔（Babar）重申，总统已经允诺要在 FATA 实施改革。[②] 但要实施多大幅度的改革，还需要继续观察扎尔达里政府的决定。如果想要完全改变 FATA 的部落属性，依照宪法，就必须要征得当地部落支尔格大会的同意。[③]

其三，由于多重复杂的历史原因，阿巴关系存在着许多敏感性因素，这直接削弱了阿巴两国的联合反恐努力。首先，是阿巴边界的认定问题。“杜兰线”的合法性争论从 20 世纪延续至今，仍然困扰着阿巴双边关系与相互信任。这个问题在反恐问题出现之前就是阿巴关系交恶的重要原因。其次，巴国政府通过普什图人对阿富汗政局施以巨大影响力的历史，让阿富汗现政府感到担忧。所以卡尔扎伊政权一直积极在双边和多边场合敦促巴基斯坦采取更加强力的措施对付普什图武装力量，以此降低巴政府和塔利班和好的可能性。甚至卡尔扎伊还主张北约联军直接进入巴境内实施反恐行动，这着实让巴基斯坦感到愤怒。第三，对普什图民族主义势力的态度，严重影响了阿巴的国内政策和外交。1947 年，当时的阿富汗王国的特使萨达尔·纳吉布拉·汗（Sardar Najibullah Khan）就向巴基斯坦政府提出三项要求：FATA 和西北边境省成为独立国家；巴基斯坦向阿富汗提供出海口；双方

---

① Joint body of parties seeks early reforms in Fata，Dawn，Mar. 27，2011，http：//www. dawn. com/2011/03/27/joint-body-of-parties-seeks-early-reforms-in-fata. html ；

② Pakistan committed to FATA political reform，Central Asia Online，April. 2，2011，http：//centralasiaonline. com/cocoon/caii/xhtml/en _ GB/features/caii/features/pakistan/main/2011/04/02/feature—01；

③ The Institution of the Islamic Republic of Pakistan，National Assembly of Pakistan，modified up to2010，April 20th，Chapter3，247（6）. P145.

签署和平中立条约。[①] 巴基斯坦也一直指责阿富汗是支持普什图民族分裂势力的外部应援者。另外，阿巴之间还存在水资源分配、毒品走私、与第三方国家关系等问题尚待解决。虽然现今美国将阿巴拉到一起组成三方委员会，共同解决反恐难题，但在主权领土等问题上互有芥蒂的两国是不可能通力合作的，双方必然都会“留一手”，以期将来能够夺得先机。这些芥蒂必然会对巴基斯坦的反恐政策和效果带来不利影响。只有巴阿两国能够实现良性互动，减少内耗，才能致力于共同消灭恐怖主义及其根源。

## 四、结束语

虽然巴基斯坦受到极端组织很大压力与威胁，但恐怖袭击只能带来民众对反恐事业越来越坚定的支持。在巴基斯坦遭受特大洪灾时，巴基斯坦塔利班（TTP）威胁政府不要再接受任何外国援助。[②] 这些行为不仅让民众越来越认识到极端主义势力的危害性，还推动人们对巴基斯坦国家的宗教、法律、部落治理等政策形成更积极的讨论。这对于巴基斯坦走出极端主义和恐怖主义的沼泽意义重大。

2011 年 7 月到 2014 年，是奥巴马政府设定的从阿富汗撤军

① Khalid Aziz, Causes of the Rebellion in Waziristan, Criterion quarterly, vol. 2, April-June 2007, P7.

② Taliban ask govt to reject foreign flood aid, Daily Times, Aug. 11, 2010, http://www.dailytimes.com.pk/default.asp? page=2010 \ 08 \ 11 \ story _ 11-8-2010 _ pg1 _ 8；

的时间。虽然是否能够按计划执行还有很多不确定因素，但三分之二以上的美国人已经开始反对这场战争，[①] 美国政府必定会减少在阿富汗的军事投入。卡尔扎伊政府和巴基斯坦政府能否压制塔利班的卷土重来，将是决定未来数年阿巴安全形势和双边关系走向的根本性问题。如果卡尔扎伊政府能够控制阿富汗局势，阿巴关系中的一些根本性问题有可能得到认真对待并加以协商解决。

① Poll：Nearly two-thirds of Americans say Afghan war isn't worth fighting，The Washington Post，March. 15，2011，http：//www. washingtonpost. com/world/poll-nearly-two-thirds-of-americans-say-afghan-war-isnt-worth-fighting/2011/03/14/ABRbeEW _ story. html ；

# 印度民族问题对南亚地区安全的影响

彭　念[1]

印度是一个多民族、多宗教的国家，同时也是全球民族冲突最为严重的国家之一。自 1947 年独立以来，印度国内的民族冲突从未中断过。这不仅对印度国内的安全局势产生了极为不利的影响，还直接威胁到印度的统一。然而，印度民族问题的影响远不及此。由于地理上的相互联系及民族的跨境分布，一国的民族问题往往很难局限在边界内。鉴于印度的民族问题很多都具有较为突出的跨界性和“溢出效应”，这不可避免的会对印度与其邻国关系及地区安全产生明显的影响。

① 作者系四川大学南亚研究所国际关系专业硕士研究生。

## 一、印度民族问题与邻国关系

由于历史原因，印度的很多民族问题都具有明显的跨界性和“溢出效应”，比如，印巴之间的旁遮普问题、印孟之间的阿萨姆武装分子以及米佐拉姆邦反政府武装等问题、印斯之间的泰米尔问题，还有印度与尼泊尔、不丹之间关于印度东北部反政府武装的纷争等。这些问题不可避免地影响了印度与其邻国的关系。

印巴是南亚地区最大的两个国家，印巴关系对整个南亚地区的和平与稳定与合作都具有举足轻重的作用。由于某些民族宗教问题，印巴关系一直很紧张。旁遮普问题即是一例。印巴分治后，原英属印度的旁遮普省一分为二，西部归巴基斯坦，东部归印度。由于巴基斯坦的旁遮普族与印度的旁遮普人语言相同，因此，分治后双方的交往仍然很频繁。印度独立后，印度旁遮普邦的锡克人积极要求建立一个以锡克人为主体的邦，印度政府坚决反对，并逮捕了其领导人，激起了锡克人的强烈反对，印度政府迫于压力于 1966 年 6 月宣布成立锡克人略占优势的旁遮普邦。此后由于锡克人要求建立“卡利斯坦共和国”，印度政府以武力围剿（“蓝星行动”），造成大量锡克教徒的伤亡，大量的锡克极端分子为躲避印度政府的追捕，通过印巴旁遮普边界进入巴基斯坦避难。印度政府对此大加指责，称巴基斯坦为锡克极端分子提供武器，支持锡克极端分子分裂印度。B·K·特瓦里和 A·K·辛格称，巴基斯坦自 1984 年起就已经开始支持印度的武装暴力斗争。证据就是在 1986－1992 年期间，超过 26％的卡拉什尼科夫AK系列突击步枪在旁遮普边界被印度截获，为此，印度还在旁遮普边界建造了一个长433千米的铁丝网，来阻止巴基斯坦对印度境内极端分子的支持。[①] 印度媒体甚至公布了锡克极端分子在巴基斯坦受训的营地和基地。面对印度的指责，巴基斯坦坚决予以否认，并指责印度镇压国内少数民族。两国因这些民族问题长期争吵不休，加深了双方的敌对情绪，也是印巴关系长期紧张的重要因素。

印度与孟加拉国之间也因阿萨姆武装分子以及米佐拉姆邦反政府武装等问题而不和。B特瓦里和A辛格认为，或许印孟关系面临的最敏感问题就是从孟加拉国进入印度阿萨姆邦、西孟加拉邦等地区的非法移民问题以及吉大港山区的恰克马反政府武装逃往印度特里普拉邦和米佐拉姆邦问题，还有米佐拉姆邦反政府武装寻求进入孟加拉国的问题。[②] 印度东北部地区有约两百个少数民族，他们在民族、语言、文化上与印度其他民族不同。因此，印度独立以后，他们纷纷要求自治，有的甚至要求建立独立的国家。

印度东北部地区的阿萨姆在印度独立以前就与其他地区少有联系。印度独立后，他们积极要求自治，并提出建立单独的语言邦。虽然印度政府采取妥协方式建立了语言邦，但此后由于语言问题以及中央政府对阿萨姆的漠视，纷争又起。1979年，一些激进分子建立了“阿萨姆团结解放阵线”反政府武装组织，试图

---

① B. K. Tewari，Awadhesh Kumar Singh：《India's neighbours：past and future》，Spellbound Publications Rohtak，1997，p. 62.

② B. K. Tewari，Awadhesh Kumar Singh：《India's neighbours：past and future》，Spellbound Publications Rohtak，1997，p. 85—86.

建立一个独立的阿萨姆。印度政府予以坚决镇压。在印军的围剿下，大部分激进分子进入孟加拉国。印度因此指责孟加拉国支持该组织的活动，孟加拉国对此予以坚决否认，两国为此指责和反指责不断。

印度东北部的米佐人在印度以语言划分边界的时候，也提出单独建邦甚至单独建国的要求。1960—1961 年，阿萨姆邦政府强行规定阿萨姆语为邦官方语言，强迫米佐人使用阿萨姆语，导致米佐人的民族情绪高涨。因此，米佐民族阵线在 1962 年的大选中，正式提出建立“米佐拉姆”的独立国家的纲领，要求脱离印度，与在孟加拉国和缅甸的同族人联合起来，成立一个独立的国家。[①] 1966 年 3 月 1 日，米佐民族阵线领导米佐人举行武装起义，并迅速占领了县政府并切断了同外界的联系，到年底几乎控制了米佐山区的所有村庄。[②] 印度政府派兵围剿，并宣布米佐民族阵线为非法组织，宣布不接受非法的“米佐拉姆政府”。米佐民族阵线被迫转入地下，越过边界，进入东巴的吉大港山区。米佐民族阵线进入吉大港山区受到了巴基斯坦的欢迎，“米佐起义军享受着前往东巴进行休整和跨界庇护的便利，并得到来自巴基斯坦的援助”。[③]，印度对此大加指责，抗议巴基斯坦支持米佐人反印。1971 年，孟加拉国成立后，由于其与印度的亲密关系，米佐民族阵线失去了避难所，进入缅甸从事反印活动。但是随着印

---

① 陈峰君：《印度社会述论》，北京，中国社会科学出版社，1991 年，第 226 页。

② 陈峰君：《印度社会述论》，北京，中国社会科学出版社，1991 年，第 227 页。

③ 李金轲，马得汶，《米佐人问题初探》，南亚研究季刊，2009 年第 4 期，第 33 页。

孟关系的疏远，一部分米佐民族阵线武装分子又逃到孟加拉国避难，并不时潜入印度发动暴力袭击。印度指责孟加拉国支持米佐叛军，而孟加拉国则指责印度为恰克马极端分子提供帮助，两国关系因此紧张，并不时在边境地区交火。

此外，印度特里普拉反政府武装在印军的打击下，也潜入孟加拉国避难并受训。S·R·Chakravarty 指出："例如，特里普拉不仅……而且要承受极端组织，比如特里普拉民族志愿军越境寻求避难所的令人不安的影响。"① 两国为此相互指责，关系淡化。

印度与斯里兰卡之间因泰米尔问题而不和。印度独立后，德拉维达进步联盟提出建立由马德拉斯邦、喀拉拉邦、迈索尔邦、安得拉邦组成的"德拉维达斯坦"，没有得到响应。1960 年，他们在原马德拉斯邦掀起了广泛的政治运动，要求脱离印度，建立独立的泰米尔纳德国家。② 印度政府坚决反对，随后德拉维达进步联盟提出在印度主权和领土完整的前提下，建立包括南部四邦的拥有充分自治权的德拉维达联邦，印度政府对其要求不予理睬。这反而使得印度泰米尔人的民族意识更加强化。由于相同的文化、宗教和历史联系以及相同的处境，他们对领国斯里兰卡泰米尔人的遭遇深感同情，并认为他们有义务帮助这些泰米尔"兄弟"。为此，印度泰米尔人积极支持斯里兰卡境内的泰米尔军事组织，并训练这些武装分子，引起斯里兰卡政府的强烈不满。A·J·布林称，"很显然，泰米尔拉杜邦政党的支持，包括德拉维达进步联盟和全印阿南德拉维达进步联盟等势力是武装分子成

---

① S·R·Chakravarty：《Foreign policy of Bangladesh》，New Delhi，1994，p. 82.

② 陈峰君：《印度社会述论》，北京，中国社会科学出版社，1991 年，第 226 页。

长和成功的一个重要因素。这些政党和斯里兰卡主要的泰米尔军事组织有重要联系，他们为这些组织提供资金并且游说印度政府支持斯里兰卡的泰米尔‘兄弟’”。① 印度泰米尔人不仅自己支持斯里兰卡泰米尔军事组织，还劝说印度政府进行干预。虽然印度政府拒绝对斯里兰卡的民族冲突进行干预，但却对其泰米尔武装分子在印度建立训练基地视而不见，任由他们从印度将武器运往贾夫纳，并利用印度作为基地，自由进行宣传。1987 年 5 月，斯里兰卡政府军围剿泰米尔反政府武装，印度对此发出警告，并于 6 月 2 日派出 19 艘船向贾夫纳运送救济物资，受阻后又改派运输机，在战斗机的护卫下向贾夫纳空投救济物资。印斯关系急转直下，陷入僵局。1989 年 9 月 18 日两国达成协议，规定印军于 12 月 31 日全部撤离斯里兰卡，但印度又以后勤问题为由未执行协议。此举激起了斯里兰卡政府的强烈不满。1992 年，印度发生了印度教徒拆毁阿约提亚巴布里清真寺事件，引起了巴基斯坦、孟加拉国等穆斯林国家的强烈抗议。在孟加拉国，印度教徒房屋被烧、商店被毁，反印活动达到最高潮。②

印度与尼泊尔的关系因廓尔喀问题而受影响。印度独立后，廓尔喀人的民族主义情绪也开始高涨，并建立全印廓尔喀同盟。该同盟曾多次提出自治要求，均遭到印度政府的拒绝或不予理睬。1980 年 7 月 30 日，以退伍军人苏巴斯·吉辛为首的一派从全印廓尔喀同盟中分裂出来，成立了廓尔喀民族解放阵线，斗争

---

① Alan·J·Bullion：《India，Sri Lanka and the Tamil crisis，1976—1994：an international perspective》，London；New York，1995，p. 93.

② K. Raman Pillai：《Indian foreign policy in the 1990s》，New Delhi，1997，p. 148.

方式也变得越来越激烈。1983年12月，吉辛向尼泊尔国王寄去一份备忘录，并将副本交给联合国秘书长以及苏、美、法等国领导人，呼吁他们“制止印度政府对尼泊尔血统的印度人实行种族隔离和种族灭绝政策”，从政治上长久地解决蒙受苦难的廓尔喀人的问题。[①] 而此前，印—尼关系因印度警察进入尼泊尔杀害尼平民并抢劫财产而甚为紧张，因此，吉辛选择这个时候向尼泊尔国王寄去备忘录，显然使得本已紧张的印—尼关系再度受到影响。Kalim · Bahadur 曾说道：“大吉岭的廓尔喀民族解放阵线运动以及不丹难民问题事实上已经展示了这一方面的严重性。”[②]

## 二、印度民族问题与南亚地区安全

印度自古以来就不断遭受外族入侵，本地人与外来入侵者一直存在着矛盾和冲突。英国殖民者占领次大陆后，为维护其统治，实行“分而治之”的政策，这进一步加深了印度国内各民族间的冲突。但在当时反抗英国殖民统治的大环境下，各民族尚能联合起来参加反殖斗争，争取民族独立。然而一旦反殖斗争胜利后，矛盾与冲突就凸现出来了，并最终导致了印巴分治。印度一独立即面临严重的民族分裂问题。一些少数民族为保护其民族文化，经济、政治地位不受威胁，纷纷提出自治甚至建立国家的政

① 陈峰君：《印度社会述论》，北京，中国社会科学出版社，1991年，第228页。

② Kalim Bahadur：《New perspectives on India-Nepal relations》，New Delhi，1995，p. 7.

治诉求，印度政府对此采取了抑制地方民族主义的态度，激起了少数民族的暴力反抗。双方的激烈对抗为民族极端分子的产生创造了天然的环境。据印度方面的统计，目前在印度积极活动的恐怖主义、分裂主义和极端主义组织大约有176个，其中阿萨姆邦大约36个，查谟—克什米尔大约36个，曼尼普尔邦大约39个，特里普纳邦大约30个。[①] 这些民族极端分子借此机会大肆宣传民族差异，扩大民族矛盾，煽动民众与政府对立。由于印度的很多民族都是跨界民族，一国的民族问题往往引起邻国的连锁效应，因此，对整个南亚地区的安全局势造成了影响。

印巴两国作为南亚地区的两个最大国家，他们的关系对整个南亚地区的和平与稳定具有重要作用。但是由于一些民族宗教问题，两国关系一直很紧张。而由于该问题产生的一些民族极端分子所采取的暴力恐怖主义活动，时常影响两国关系，给南亚北部地区的安全形势造成了严重影响。在1990—1993年，极端分子对军队发起了6312起袭击，造成694名安全部队士兵死亡，2455人受伤。[②]

南印度达罗毗荼人的民族运动也给印度乃至整个南亚地区造成不利影响。达罗毗荼人主要居住在印度南部的泰米尔拉杜邦、安德拉邦等地，是人口仅次于印度斯坦族的民族。在历史上长期处于独立和半独立的状态，并形成了共同的文化、语言。印度独立后将印地语规定为国语，并在印度南部推广，遭到达罗毗荼人的反对，地区骚乱频发。一些政党，大学生组织不断举行示威游

① 张家栋："当代南亚恐怖活动状况"，《南亚研究》，2009年第2期，第27页。

② B. K. Tewari，Awadhesh Kumar Singh：《India's neighbours：past and future》，Spellbound Publications Rohtak，1997，p. 63.

行，组织集会，并发展成群众性骚乱，最后政府出动军队进行镇压，骚乱才平息下去。但是在这一过程中，一方面，达罗毗荼人大大强化了其民族意识；另一方面，双方的不断对立为民族极端分子的产生创造了条件。这些民族极端分子不断采取暴力行动，给印度的安全局势造成了不利影响，同时由于其狭隘的民族主义思想，也给邻国的安全形势造成了严重影响。邻国斯里兰卡北部地区的泰米尔人一部分是斯里兰卡泰米尔人，一部分是从印度迁徙到斯里兰卡的泰米尔人，他们与印度泰米尔人有共同的文化，联系密切。斯里兰卡的泰米尔人一直寻求自治和建立"泰米尔国"。一些民族极端分子还建立了军事组织，开展暴力活动，向政府施压。印度泰米尔人由于其狭隘的民族主义思想，认为他们有义务帮助斯里兰卡的泰米尔"兄弟"反抗异族的统治。因此，印度泰米尔拉杜邦的一些民族极端分子积极支持斯里兰卡的极端分子，并不断向他们提供武器弹药和后勤供应，并在印度训练这些极端分子。从 1983 年至 1986 年就有 2000 多名斯里兰卡泰米尔人在印度南部的基地受过训练。① 这些受训的极端分子一旦训练完成就返回斯里兰卡，在斯国境内制造暴力恐怖事件，给斯里兰卡国内的安全局势带来了严峻的挑战。同时，由于这些极端分子在印度接受训练，也使印斯关系恶化。虽然后来，印斯两国通过协议解决了泰米尔问题，但是一些民族极端分子仍然在印、斯两国境内制造暴力事件。布林就说到"泰米尔伊拉姆猛虎解放组织已经成为了印度和斯里兰卡的一个不可管理的敌人。"②

---

① 何道隆：《当代斯里兰卡》，成都，四川人民出版社，2000 年，第 177 页。

② Alan Bullion：《India，Sri Lanka and the Tamil crisis，1976－1994：an international perspective》，London ；New York，1995，p. 98.

印度旁遮普的锡克分离主义问题也给印度国内以及印巴东部边境地区的安全局势带来严重影响。1984 年，印度出动军队镇压锡克极端分子，造成印度教徒与锡克教徒的流血冲突，印度国内动荡不安。此后，锡克极端分子越过印巴东部边界，进入巴基斯坦避难。印度指责巴基斯坦支持这些极端分子在印从事恐怖活动，巴基斯坦则予以否认，两国在东部边境地区冲突不断。印度媒体甚至公布了克什米尔军事分子、锡克极端分子及阿富汗圣战者组织受训的基地，其中有大约 60 个在巴基斯坦。[①] 这些锡克极端分子一旦完成训练，就潜回印度从事暴力恐怖活动。据统计，目前在印度积极活动的恐怖组织达 176 个，比较激进和具有恐怖色彩的有以下 4 类：第一类就是“锡克宗教委员会”、“卡利斯坦突击队”、“全印锡克学生联合会”和“锡克宗教委员会”等。[②] 这些极端分子在印度国内制造了多起飞机、火车和公交车爆炸案。从 2006－2008 年，共有 2713 人死于恐怖活动。[③] 并且，这些锡克极端分子还与克什米尔武装分子有来往，他们联手在南亚西北部地区制造了多起暴力恐怖事件。这严重影响了印巴边境地区的安全局势，也给南亚西北地区的安全局势带来了严重威胁。

印度中东部地区的“贾尔坎德邦”运动也给印度中东部安全局势带来影响。贾尔坎德运动寻求以比哈尔邦的乔塔那格浦尔高原为中心，把桑塔尔、蒙达等部落居住区的十六个县联合成“贾尔坎德邦”，并在“贾尔坎德党”的领导下，进行示威游行，一

① B. K. Tewari，Awadhesh Kumar Singh：《India's neighbours：past and future》，Spellbound Publications Rohtak，1997，p. 63.

② http：//www. chinanews. com. cn/gj/fxpl/news/2008/11－29/1467437. shtml

③ 张家栋：“当代南亚恐怖活动状况”，《南亚研究》，2009 年第 2 期，第 27 页。

些激进政党也积极予以支持。但是由于印度政府的反对，该运动困难重重，因此一些民族极端分子就采取暴力行动反抗，他们炸列车，袭击警察，使当地局势动荡不安。印度东北部地区的民族问题也给印度国内的安全局势带来影响，同时，由于这些问题还涉及到邻国，因而，对整个南亚东北部的安全局势也造成了严重影响。印度东北部的分离主义武装组织主要有阿萨姆团结解放阵线、博多民族民主阵线和坎塔普尔解放组织。印度军队在 80 年代对其进行了军事围剿，之后，这些组织逃到不丹南部，并在那里建立基地、训练武装人员、储存弹药，从事反印活动。印度为此不断向不丹政府施压，要求不丹政府将这些组织驱逐出不丹。不丹政府一方面迫于印度压力，另一方面也担心自己的内部安全，于 2003 年展开军事围剿。之后，有报道称，一些极端分子潜伏在了不丹，另一些武装分子逃往了孟加拉国，并与斯里兰卡泰米尔伊拉姆猛虎解放组织有联系。面对武装分子的暴力袭击，印度命令边境保安部队保障印不边境道路的安全，并在印不边境部署了 5 个营的兵力。①

此外，印度那加兰部落地区一直寻求自治，其中的一些民族极端分子还提出独立，并建立武装组织与政府对抗。1954 年，印度政府派军围剿，那加国民军发起报复行动，印度东北部动荡不安。1956 年，费佐又宣布成立“那加联邦政府”，并建立那加军。印度政府随即宣布“那加联邦政府”和那加军非法，并通缉费佐。随后，那加人民大会与政府达成协议，放弃独立的要求。

---

① 傅超：《印度东北地区的安全威胁》，北京，军事谊文出版社，2006 年，第 6 页。

费佐强烈谴责这项协议。那加军开始发起暴力活动。他们在阿萨姆平原攻击列车，造成严重的伤亡。一架印度空军的达科它式飞机也在 1960 年 8 月 26 日被击落。[①] 这些武装分子不仅在印度制造暴力事件，还与缅甸北部地区的卡钦国民军建立了联系。

印度东北部的曼尼普尔地区也有大量民族极端分子活动，主要武装组织有人民解放军、独立人民革命党等。他们经常与政府武装和警察发生冲突，还袭击平民。因此，曼尼普尔的局势始终动荡不安，暴力冲突甚至还有上升趋势。至今，这些武装分子仍然不时制造一些暴力事件，给南亚东北部安全局势带来影响。

印度大吉岭地区的廓尔喀民族解放阵线也不断在印、尼边境地区发起暴力运动。据统计，截至 1988 年的 28 个月的暴力运动中，至少有 200 人丧生，44 名安全人员被杀……在受影响的地区部署了 44 个连队的准军事部队和 20 个连队的邦警察部队。[②]

目前，印度东北部的恐怖暴力袭击活动虽有所减弱，但形势依然不容乐观，下表列出了 2006－2010 年印度东北部地区恐怖暴力事件死亡人数。

---

① 傅超：《印度东北地区的安全威胁》，北京，军事谊文出版社，2006 年，第 204 页。

② 傅超：《印度东北地区的安全威胁》，北京，军事谊文出版社，2006 年，第 173 页。

表一：2006—2010 年印度东北部地区恐怖暴力事件死亡人数一览表

| 年份 | 平民 | 安全人员 | 恐怖分子 | 总计 |
| --- | --- | --- | --- | --- |
| 2006 | 231 | 92 | 317 | 640 |
| 2007 | 453 | 65 | 501 | 1019 |
| 2008 | 404 | 40 | 610 | 1054 |
| 2009 | 270 | 40 | 533 | 843 |
| 2010 | 28 | 6 | 126 | 160 |
| 总计 | 1386 | 243 | 2087 | 3716 |

数据截止 2010 年 6 月

资料来源：http://www. satp. org/satporgtp/countries/india/database/fatalitiesnorteast2006. htm

从上表中，我们可以看出，在印度东北部恐怖袭击中遇难的平民从 2006 年的 231 人猛增至 2007 年的 453 人，增幅达 96.1%。之后遇难平民人数小幅下降，达到 404 人，并在 2009 年降至 270 人，降幅达 36.17%，显示出恐怖袭击对平民的伤害大幅减小。但从 2010 年上半年的情况来看，遇难平民仅为 28 人，这说明该地区恐怖袭击事件得到了初步有效控制，但并未得到根治。

此外，安全人员的死亡人数也从 2006 年的 92 人降至 2009 年的 40 人，降幅达 56.52%，这表明安全部队的反恐怖袭击能力得到了大幅提升。从 2010 年上半年的情况来看，安全人员死亡人数仅为 6 人，与 2009 年相对，仍呈下降趋势，且降幅比较大，这进一步说明印度安全部队的反恐怖袭击能力有大幅提升。

从恐怖分子的死亡人数来看，2006 年仅为 317 人，但到了

2008年猛增至610人，增幅达92.43%。而同期平民、安全人员死亡人数却呈下降趋势，这表明虽然恐怖袭击强度加大，但由于安全人员的反恐能力增强，恐怖袭击造成的伤害在逐步减小。但这并不意味着恐怖袭击强度的大幅减弱。2009年，恐怖分子死亡人数仅小幅下降至533人，即使在2010年上半年也仍有126人，与同期死亡的安全人员、平民的降幅相比，显然恐怖袭击的强度并未大幅减弱，这也表明印度东北部地区的恐怖袭击活动虽得到了初步有效控制，但形势也不容太乐观。

## 三、结语

印度民族众多，尤其是与相邻国家的历史渊源颇为久远。这使得印度的民族问题容易产生连锁效应，也使印度在处理民族问题时面临很多困难。虽然近年来，印度增加了在少数民族居住区的投资，初步改善了当地的一些基础设施，但少数民族居住区贫困、落后的现状却并未得到有效根治。这为当地的一些民族分裂分子提供了活动的土壤，给当地的安全局势造成了严重影响。同时，由于边境管理的混乱以及存在的诸多客观困难，印度的民族分裂分子时常来回穿梭于边境两侧，致使印度与邻国的关系也受到影响。

值得注意的是，近些年来，印度极端组织之间的交往越来越频繁，并与基地组织有关联。比如，活跃在缅甸北部的阿萨姆团结解放阵线、博多民族民主阵线和坎塔普尔解放组织以及那加叛军、曼尼普尔叛军保持密切联系。2008年发生在印度的孟买袭击案，不仅给印度国内的安全局势造成恶劣影响，还使得印巴断绝了一切关系。南亚地区两个最大的国家断绝一切往来，无疑给整个南亚的安全局势造成了严重影响。而据媒体报道，策划此次袭击案的就是圣战组织“虔诚军”，该组织与克什米尔武装分子有联系，并曾在克什米尔制造暴力事件。这对南亚地区的安全局势来说，是一个严重的威胁。

同时，极端分子的暴力活动也为外部势力介入南亚事务提供了机会。例如，在1983年7—8月的斯里兰卡民族骚乱期间，斯里兰卡政府就向美国、英国、巴基斯坦和孟加拉国呼吁，要求在遭到印度入侵时给予军事援助。此外，美国一直呼吁印巴解决克什米尔问题，消除南亚的“定时炸弹”。美国还积极联合巴基斯坦反恐，寻求介入南亚事务。

# 辛格政府时期的中印外交及地区安全解析

蒲小娟①

## 一、中印的多元化外交表现

自辛格政府执政以来，在双方共同努力下，多元化外交趋势也表现得越来越明显，中印两国虽存在着争议问题，但在政治、经济、军事及文化等各方面开始了双边关系“热合作”的进程。

### （一）政治方面，增加高层交往以提高政治互信。

2005年4月，温家宝总理自辛格上台后首次访印，这次访问双方取得了良好的外交成果，两国签署了《中印联合声明》，宣布建立面向和平与繁荣的战略合作伙伴关系，把中印关系提升

① 蒲小娟，兰州大学政治与行政学院国际政治专业2009级硕士研究生。

到了新的高度；双方签署了《解决边界问题的政治指导原则的协定》，这是双方自 1981 年恢复边界问题谈判以来所签署的第一份边界问题的政治指导文件，标志着中印边界谈判进入了一个新的阶段。2006 年是中印建交 55 周年，这一年被定为“中印友好年”，是胡锦涛主席成功访问了印度，这是中国国家元首 10 年来第一次访印，也是中印建立战略合作伙伴关系后中国国家元首首次访印。这次访问双方签署了《中印双边投资保护协定》，这为中国公司拓展印度市场提供了一个良好平台，胡锦涛主席的这次访问推动了双边经济贸易合作，加深了中印之间的互信和了解。2008 年 1 月，辛格总理访华进一步增进了两国友谊，拓展了两国在各领域的友好互利合作，推动了中印战略合作伙伴关系长期健康、稳定地向前发展。辛格政府时期，中印高层的频繁互访，不仅增进了两国友谊，提高了双方互信，也向世界各国展示了中印愿联手合作、共创和谐南亚局面的愿望。

### （二）经济方面，加强经贸合作以期实现经济合作的双赢。

进入新世纪以来，中印贸易发展迅速，2000 年至 2004 年中印双边贸易额从 29 亿美元增加到了 136 亿美元，提前完成了 2005 年达到 100 亿的目标。[①] 而自辛格执政以来，印度的“经济改革之父”更是将经济发展放在头等重要的位置。2005 年中印双边贸易额达到 187 亿美元，同比增长 37%。2006 年双边贸易

---

① 梅景．龙象握手：新世纪的中印关系 [J]．当代世界．2005.6.

额同比增长33.8%，达到250亿美元。2007年双边贸易额又迅速增加到387亿美元。2006年双方计划到2010年使双边贸易额到达400亿美元，而2007年两国双边贸易额就已接近400亿美元。因此在2008年辛格访华期间，双方对两国的贸易发展又提出了更高目标，把原定2010年要实现的400亿美元提高到600亿美元。[①] 然而，由于受国际金融危机的影响，2009年中印双边贸易额仅为386.4亿美元，减少了12.5%。但是在双方政府和有关部门的积极合作之下，2010年1月份双方贸易又呈现出了良好的发展势头，当年贸易额已经突破了500亿美元。中印均为世界上发展最快的经济体之一。目前，中国是印度的第二大贸易伙伴，印度是中国的第十大贸易伙伴，双方的合作具有极大的潜力，双方可在基础设施、农业、制药、医疗及新能源等行业展开深层次的交流与合作，进一步促进双边经贸关系的稳定、高速发展。

### （三）军事安全方面，加强军事合作交流，维护区域和平稳定。

早在2000年中印就已展开了在军事安全方面的对话与合作。2002年，中印以打击恐怖主义、分裂主义、宗教极端主义及防止走私、贩毒、洗钱等问题为中心在印度新德里举行了首轮中印反恐磋商。2003年，中印两国海军在上海东部海面举行两国建交50多年来的首次以海上搜救为主题的联合军事演习。2004

① 印度总理访华双方取得两大成果. www. XINHUANET. com. 2008年1月15日.

年，中印两国边防部队在中国西藏自治区普兰县进行联合登山活动。2005年中印海军在科钦军港附近的印度洋水面举行联合军事演习，由于这是中印两国军队在印度洋领海进行的第一次军演，所以备受关注。2007年12月中印两国陆军在昆明近郊举行了代号为“携手2007”的联合反恐训练，这也是两国陆军首次进行的联合军演。2008年12月，又举行“携手2008”中印陆军反恐军事演习。2009年，中印本打算进行中印空军联合军演，但因中国国庆事宜而取消。据《印度斯坦报》2010年8月17日消息，印度空军和中国空军计划在2012年举行首次联合军事演习，这被视为是两国军事关系日渐紧密的又一个迹象。

### （四）文化方面，文化交流是中印心灵相通的纽带。

中印均为文明古国，中印文化交流对两国关系的发展应该起到重要作用。中印两国文化交流源远流长，远有西天取经的玄奘、一苇渡江的达摩，动人故事早就被演绎成了神话，近有到中国讲学的泰戈尔、到印度办学的谭云山，也成为两国民间交往的佳话。尽管在辛格政府时期，比起中印在政治、经济领域的交流合作，中印的文化交流似乎相对比较薄弱。但是我们也能看到中印两国在文化交往上不断的推进，尤其是谭中先生将“CHINDIA”的中文意思诠释为“中印大同”被中印学术界广泛认同。季羡林先生的《中印文化交流史》促进了两国文化的交往。2009年12月23日晚，新德里泰姬玛哈酒店，“水墨聚焦——走进印度当代中国名家书画展”和“中印和谐之音文艺演出”两项活动在新德里泰姬玛哈酒店举行。印度外长克里希纳表示，印中两国文化交往历史悠久，是两国关系的重要组成部分，相信类似的文化交流活动必将对推动两国民间往来、增进互信起到促进作用。2010 年是中印建交 60 周年，借此印度举办“中国节”，中国也举办“印度节”。10 月 21 日，在中国新闻社云南分社，“了解中印的艺术桥梁”图片展作为“印度年”在中国的系列活动之一，向观众展出了 200 幅涉及史迪威公路、茶马古道等主题的两百余幅摄影和绘画作品。印度驻广州总领事馆总领事 I. M. 潘迪表示：“文化交流不仅是要把两个国家连结在一起，更重要的是要把两国人民连在一起。”

## 二、中印巴关系及地区安全

自辛格政府执政以来，中印虽在政治、经济、军事、文化等各方面的交流与合作上取得了巨大的进展，但在中印巴三方关系上，我们依然能感觉到中国和南亚等国在交往中所面临的外交困境。中国在外交上一直奉行“和平共处五项原则”，任何外交行动都不针对第三方，不谋求在双边外交中损害第三方的利益。然而，在现实问题的解决上，中国很难在对南亚两国的政策上做到两面逢迎，由于两国在领土和安全问题上存在较大争议，使得印巴关系发展缓慢，中国在面向两国的外交政策中面临着两难的选择。

（一）印度与巴基斯坦。自印巴分治以来，克什米尔问题一直是印巴对立的关键所在。两国都将克什米尔问题视为自己的核心利益，其主要原因是克什米尔关系到印巴两国在南亚的战略地位。印度认为，如果失去克什米尔，他将失去在中亚施加影响的政治舞台。巴基斯坦若没有克什米尔，就彻底切断了巴基斯坦与外部大国的陆上联系，这样巴基斯坦就会彻底沦为印度在南亚的附属，并任印度对其摆布。所以，巴基斯坦始终视克什米尔为其生命线。印巴的克什米尔纠纷加剧了他们在南亚的军事对峙和核军备竞赛。[①] 也使得南亚一直处于不稳定的状态之中。中国在处理和印巴的问题上虽然一直保持不介入的姿态，但是传统和现实的种种因素使得中国的天平很难完全平衡。中巴在传统上是友好邻邦，中国对巴基斯坦的一贯支持让印度对中国充满戒备，当然这种戒备只是一个原因，中印边界问题没有彻底解决也是印度戒备中国的因素之一。2004 年 5 月，印度国大党执政后，辛格政府展开“西进”战略，开始重视与南亚邻国的关系，并将其置于“最优先的地位”。[②] 印、巴两国首脑已经同意在没有恐怖主义威胁的环境下重新启动双边的对话进程，为双边关系的改善开辟了新机遇，印度认为：印、巴关系的改善将能够改变南亚地区整体的政治安全形势。[③] 印巴虽然在 2005 年打破了僵局，但是双方在克什米尔问题上的强硬态度还是很难给彼此在诸如文化交流、反对毒品走私和非法偷渡等方面带来切实有效的合作。所以说，印巴问题的矛盾是中国在南亚推行和平外交政策处于两难局面的根源。

（二）中国与巴基斯坦。中国和巴基斯坦具有传统友谊，这主要是源于两国多年来的互相帮助。从 20 世纪 50 年代开始，中

---

① 宋德星．印巴安全两难与中国的南亚政策［J］．南亚研究．2002. 1.
② 范明兴．2004 年印度形势回顾［J］．南亚与东南亚研究．2005. 1.
③ 胡志勇．印度的“西进”战略及其影响［J］．社会科学．2006. 2.

国就向巴基斯坦提供援助，并且在巴基斯坦最为困难的几次印巴战争时期，中国更是提供源源不断的支持，中国对巴基斯坦的帮助为中巴友谊从一开始就打下坚实的基础。当然，巴基斯坦也是尽力投桃报李，1962 年，巴基斯坦不顾美国反对，积极支持中国恢复在联合国的合法席位。巴基斯坦曾牵线搭桥帮助中美关系正常化。进入新世纪，中巴关系也随着外部环境的稳定进入了成熟期。两国关系继续在巩固中谋求新的发展。第一，中巴两国没有根本的利害冲突；第二，两国人民间存在传统友谊；第三，两国经济发展方面具有很大的互补性；第四，两国对许多重大国际问题看法相一致或比较接近，都希望有一个安宁的国际环境。[①]这是中巴友谊良性发展的前提。辛格执政以来，印巴关系也得到了改善，中巴也继续保持着良好的关系，但是中国的南亚政策在扩大和印度交往的同时也势必会给巴基斯坦带来心理上的某些影响。虽然中巴关系总体是友好的，中国还是在国家建设等各方面一如既往地支持、帮助巴基斯坦，但是近些年也存在诸如经济关系基础薄弱和文化交流不足等方面的非主流矛盾。

（三）中国与印度。中印关系多年来起起伏伏，主要是囿于中印至今仍未解决的中印边界领土问题。面对这一历史遗留问题，中印双方都应该从客观、公平的角度和平协商这一问题。当然，中国在面对这一问题时，一直是期望从友好、公平、合理的立场出发，坚持外交政策中的和平共处五项原则，希望通过和平谈判来解决问题。对于中印边界，中国从没采取行动试图改变中

---

① 刘洪煊．中国睦邻史—中国与周边国家关系［M］．北京：世界知识出版社．2001.4.

印边界现状。然而中国在中印边界一贯的忍让态度换来的是印度在中印争议区的不断增兵。2010 年 11 月 29 日和 30 日，中印边界问题特别代表会晤在北京举行，中国国务委员戴秉国和印度国家安全顾问梅农出席会晤。就在中印两国政治家和媒体对边界问题磋商寄予希望的时候，印度军方却搞小动作，在有争议的所谓“阿鲁纳恰尔邦”（中国藏南地区）新增两个山地师，目标直指中印边界。[①] 印度在中印第 14 轮边境问题谈判之际向争议地区增兵，一方面是想向中国施压赢得谈判主动权，另一方面是为了向国内民众展示在中印边界问题上印度的姿态，以此缓解国内民众对未能解决的边境问题的不满情绪来换取选票。这里貌似印度是先下手为强，但是印度的此做法既不利于解决边界争端，也不利于两国关系的正常发展，而且最终会伤到印度自身利益。

随着印度经济的崛起，印度的大国梦想在一步步地实现，中印双边关系要得到健康发展，双方的互信是必不可少的，但是似乎印度一直把中国视为他周边最大的安全威胁。自辛格执政以来，虽然在外交措辞中辛格一再强调中印关系之重要，并一再声称西藏是中国的一部分，但其国内一些人仍不受约束地支持达赖集团所谓的“西藏独立”。印度积极地展开多边外交政策以赢得国际社会的支持，印度国大党执政后，辛格政府展开“西进”战略，重视与南亚邻国的关系。同时又加强“东向政策”的进行，虽然印度在 20 世纪 90 年代就提出了“东向政策”，但由于印度各界并没有做好融入东亚一体化的准备，直到 2004 年辛格上台，印度与亚洲的经济整合才真正有了一些实质性的内容。印度经济

① 来源：国际在线《国际新闻报》.2010 年 12 月 3 日

年均8%的持续高速增长使辛格终于有底气与东亚国家打交道。①辛格还积极开展提升印度地位的大国外交，依靠在大国外交中的影响力来提高它的国际地位，“大国梦”一直是印度的追逐目标。

印度的大国外交，一方面是提升自己的大国地位，另一方面也是为了制衡中国。美印之交，值得提及的是2010年奥巴马访印，辛格以高规格接待奥巴马，表明对美国的高度重视，并给了美国100亿美元的订单，美印的如此合作满足了双方的需求，美国认为中国的崛起对美国构成一定的威胁，印度和美国社会制度意识形态相同，以印度来制衡中国是顺理成章的事。印度也认为把美国作为一个盟友，可以有效的遏制中国。印度在与美国强化沟通的同时，也在和俄罗斯、法国、日本等国不断加强各方面合作，在奥巴马访问印度之后，法国总统萨科齐也访问了印度。随后，俄罗斯政府总统梅德韦杰夫于当年12月下旬访问了新德里。我们可以看出印度2010年抛出千亿军火订单，其本意是要对付中国。瑞典斯德哥尔摩国际和平研究所分析师西蒙魏泽曼分析指出：“如此庞大的军购计划在一定程度上与其对中国的关切有关。”2010年9月，印度总理辛格曾指出，“中国要在南亚立足，我们必须把这个事实考虑在内”，“要确定他们（中国）的动向不容易，因而重要的是做好准备”。同年10月15日，印度陆军参谋长V.K.辛格公开把中国和巴基斯坦形容为“印度安全的两大刺激因素”。该参谋长说：“发生一场全面常规战争的可能性极低，不过小冲突是会发生的。我们应该具备良好的常规能力，要做好在核背景下能

① 拉贾·莫汉．印度向东．2010年11月1日．

发挥作用的准备”。“随着中国军事和经济力量不断壮大，印度应该警惕北京的意图”。[①] 2010 年是中印建交 60 年之际，但是印度对中国的防范也达到了一个前所未有的程度。中印是无法更改的邻国，当一方开始高度警惕另一方时，政治层面的美好话语似乎显得如此空洞。解决好与印度的关系应该是当下中国面临的最重要问题之一。在同印度的交往中，我们要把印度定位在“将对世界产生重大影响的新兴国家”这一认识上，充分认识到印度的重要性。两国的竞争是不可避免的，但我们要努力争取达到健康的竞争、合作的竞争、双赢的竞争。[②] 尽可能在和周边各国的发展困境之中，赢得和大国共同合作发展的最大空间。

从上述分析看出，中国与南亚两国的外交还是面临着巨大的问题，协调好中、印、巴三方关系，维持和稳定南亚地区安全是中国南亚政策的重要内容。虽然困难重重，但是中国要坚定地在和平共处五项原则的外交方针下，积极努力展开和南亚各国的和平外交，以期在南亚外交中能实现和谐共赢局面。

## 四、结语

曼莫汉·辛格政府时期的中印外交可以说基本呈现了一幅繁荣的景象，当然经济方面的表现最为突出。随着印度经济的崛

---

① 来源：中国广播网．印度抛出千亿军火订单，其意在对付中国“威胁”．2010 年 11 月 14 日

② 詹得雄．印度外交优势及其对中印关系的影响［J］．亚非纵横．2007.4.

起，印度和周边其他各国的交流也在进一步地加强，中印分歧将依然存在，但是作为亚洲的两个发展中大国，合作更是有利于双方的共同发展。双方应该进一步加强相互学习、相互沟通和相互借鉴以达到共同提高和共同进步。中印两国携手构筑地区安全及促进该地区和平稳定发展是对亚洲、乃至对世界的重大贡献。

# 专题四

# 美国的阿巴战略及其对地区安全的影响

# 阿巴战争与奥巴马的战略选择

刘学成[①]

## 一、一场胜利无望的战争

在2008年的美国总统选举中，反对伊拉克战争的奥巴马称伊拉克战争是不必要的战争，而阿富汗战争是“必需的战争”。他发誓，如果他当选总统，他就结束伊拉克战争，打赢阿富汗战争。

奥巴马执政以来，制定了新的阿富汗战略，调整了指挥阿富汗战争的将领，任命了经验丰富的外交家霍尔布鲁克担任阿富汗和巴基斯坦事务特使，制定了新的阿富汗战争的战略。决心把这场后来被称为“奥巴马的战争”打胜，扭转阿富汗战场是“帝国坟墓”的历史定律。然而，奥巴马的阿富汗战争难以避免这一历史的逻辑和悲剧结局。

---

① 刘学成，中国国际问题研究所研究员。

## （一）十年的战争代价

自从奥巴马总统向阿增兵以来，不断升级的军费已经令美国政府不堪重负。到 2011 年年初为止，美国总共花了 3360 亿美元，如果国会批准增加拨款的要求，这一数字将上升到 4554 亿美元。在阿富汗，每名美军每年平均花费纳税人 50－100 万美元。

一本关于伊拉克战争和阿富汗战争代价的书认为，迄今为止伊拉克战争和阿富汗战争总共消耗了美国 4 万亿到 6 万亿美元。

阿富汗战争造成惊人的伤亡。截至 2011 年初，至少有 1500 名美军官兵死亡，1 万多人受伤。

在这场战争中，以美国为首的军事行动造成的平民死亡人数更高，达到 5791 至 9060 人，而阿富汗叛乱分子的行动所造成的平民死亡人数达到 4949 至 6499 人。

共有 49 个国家派兵参加阿富汗战争。目前大部分国家急于撤军。美国广播公司（ABC）的民调显示，三分之二的美国公众认为，阿富汗战争不值得再打下去。这场战争每周 20 亿美元的开支，使美国及其盟国的纳税人承受着高昂的代价。

## （二）经济危机推高反战情绪

自从 2008 年美国次贷危机以来，全国失业率一直徘徊在 9%上下。在制造业的中西部地区，失业率高达 13%左右。持续的高失业率导致许多家庭住房被银行没收，许多家庭失去医疗保险。若干州政府已经负债累累，处于破产的边缘，需要联邦政府的财政援助。然而，联邦政府必须保证高昂的战争开支，同时不得不削减教育、社会福利、失业补助等方面的开支。这种财政拨款安排越来越遭到选民的反对。反战示威处处可见，要求停止战争把军费开支用于恢复经济和改善民生的呼声越来越高。CNN 在 2010 年 12 月的民意调查显示，63％的美国人反对这场战争。

## （三）美巴反恐联盟在瓦解

巴基斯坦被美国确认为非北约盟国，是美国反恐战争关键的战略支撑点。美国采用无人驾驶飞机对巴境内的目标进行打击，2011 年 5 月 2 日，美国背着巴基斯坦政府，从阿富汗派遣海豹突击队击毙本·拉登，包括奥巴马总统在内的美国政府领导人公开怀疑巴军队和情报部门有内鬼，隐瞒和保护本·拉登的藏身之地，甚至威胁要停止对巴基斯坦每年 30 亿美元的援助。

美国公然侵犯巴基斯坦主权的行为遭到巴基斯坦政府和人民的强烈谴责。巴基斯坦议会通过决议，要求对美国侵犯巴主权的行为由司法部门进行独立调查，禁止美国使用无人驾驶飞机在巴进行打击，必要时阻止美国运载阿富汗战争物资的车队经由巴基斯坦领土。双方的相互指责和博弈仍在继续。

出于各种因素的制约，尽管美巴反恐合作的关系不会破裂，但是处于美国政府不断施压和巴民众反美夹缝中的巴基斯坦领导人的处境越来越困难，这种屈服于一方意志的畸形反恐合作使得巴基斯坦政府处于尴尬的境地。美巴之间的这种强制性的反恐联盟关系还能持续多久，令人值得怀疑。

## (四) 国内政治选举进程逼人

奥巴马上台以来，面临第二次世界大战以来最严重的金融危机和经济萧条，银行倒闭，公司关门，地方政府债台高筑，失业率居高不下，经济复苏缓慢。再加上共和党在中期选举中控制了众议院，处处与奥巴马政府设置障碍，各项复苏经济、改善民生的措施得不到及时实施。

在阿富汗战场上，奥巴马的新战略收效平平，基地组织和塔利班武装展开了夏季攻势，奥巴马的执政能力受到选民质疑，其民调的支持率降至50%以下。2012 年的总统选举迫在眉睫，奥巴马已经于 2011 年 4 月 4 日宣布参选。战场上传出捷报和兑现撤军承诺是推高奥巴马支持率的最迫切措施。

## (五) 国际新挑战难以专注局部战争

2011 年年初以来，大规模反独裁、惩腐败的群众抗议运动席卷中东北非地区。各种政治势力粉墨登场，亲美独裁政权纷纷倒台，未来政权面目不清。

外国势力乘机插手，企图以自己的意志和私利，举起人道主义干预的旗帜，明火执仗扶植政治代理人，用飞机和大炮影响和塑造该地区的政治发展。

北非和中东地区是美国地缘战略的关键地区和能源安全的中枢。该地区预想不到的政治动乱干扰了奥巴马政府结束两场战争、实施战略东移亚太的重大部署。

上述客观现实是不以奥巴马政府的愿望为转移的。严峻的国内国际现实浇灭了战争狂人的热情和梦想。作为阿富汗和巴基斯坦事务的特使，霍尔布鲁克为协调这场艰难的战争和最棘手的外交挑战呕心沥血，积劳成疾，病倒在工作岗位上。他的临终留言是“你们要停止阿富汗战争”。

## 二、奥巴马新战略的演变与挑战

2009 年 3 月和 12 月，奥巴马政府出台了两份文件阐述阿富汗新战略。该战略实际上是仿效伊拉克的战略，即以增兵为手段、撤军为目的的新战略。该战略最显著的特点有三点：

第一，把阿富汗战争引申为阿巴战争，把巴基斯坦纳入美国的阿富汗战争，实际上正式宣布把战争扩大到巴基斯坦。

第二，在原有 10 万驻军的基础上再向阿富汗增兵 3 万，强化对基地组织和塔利班武装的围剿，以期瓦解和打垮盘踞在阿巴边境山区的反叛武装。

第三，加快招募和培训阿富汗安全部队，逐渐扩大在阿富汗境内的控制权，以便美军能在 2011 年 7 月开始撤军，并计划 2014 年基本完成向阿富汗安全部队移交防务。

阿富汗国家安全部队现阶段人数大约 9.7 万，警察人数 9.4 万。根据驻阿美军新上任负责阿军警训练工作的指挥官威廉·考德威尔计划，阿国家安全部队人数在 2011 年 10 月 31 日前增至 13.4 万，警察再增加近 3000 人，从而逐步实现以前所设定的阿安全力量到 2013 年达到 40 万人的目标。

奥巴马的新战略是一个中庸的方案。一方面是重视阿富汗的战略规划，继续增兵，强化战场上的打击力度；另一方面公布撤军计划和撤军时间表。一旦过早放弃阿富汗战争，那么塔利班势力势必重新掌控阿富汗政局，奥巴马就会担上战争失败的骂名；同时公布撤军初步计划将有助于预设台阶，为阿富汗战争可能的失败提供退出的借口。

经过两年多的内部评估和争执后，奥巴马政府决定同意卡尔扎伊政府与塔利班秘密谈判，达成政治解决的方案，分化瓦解基地组织和塔利班内的极端顽固势力。经过多次接触与谈判，卡尔扎伊政府列出的条件是，塔利班必须放下武器，停止暴力活动；塔利班断绝与基地组织的联系；以及接受阿富汗的新宪法。塔利班开列和谈清单，提出的关键条件是，获得阿富汗南部 10 个省的控制权，制定外国军队撤出阿富汗的时间表，并在 6 个月内释放所有塔利班囚犯。

双方的接触表明，驻阿联军和塔利班武装都认为，在可以预见的将来，任何一方都无法赢得阿富汗战争。

美国媒体透露，美国政府和阿富汗塔利班高级官员已经进入直接秘密谈判。

在接受媒体采访时，希拉里声称，只有通过政治途径才能结束阿富汗战争。希拉里表示："仅仅是通过杀死大量的武装分子，根本无法彻底结束战争。"

将来面临的一个障碍是美军以及北约军队是否全部撤出。外国军队撤出后，相关国家与阿富汗新政府以什么方式保持联系和体现存在。

美国已经与阿富汗政府在商谈签署"战略合作协议"。根据该协议，美军可在阿富汗保留 2 个至 6 个基地，对基地组织保持压力。

阿富汗的邻国对美国在阿富汗保留永久军事基地会有戒心，视其对自身的安全威胁。美国想要在 2014 年以后在阿富汗保留军事基地，将与美国争取阿富汗邻国合作的愿望相矛盾。没有阿富汗邻国的参与和支持，阿富汗的和平进程和国家重建就难以取得成功。

我们必须清醒地看到，任何一项政治解决方案或重建战略，都会涉及到在阿富汗国内实现以下几个目标：必须铲除基地组织的巢穴；必须使塔利班无力推翻现政府；必须帮助提高阿富汗安全部队和政府的能力，他们才能对阿富汗未来安全和国家重建承担主要责任。

历史的教训是，没有联合国这样的组织帮助重建这个国家的和平，一旦外国军队彻底退出阿富汗，将又会陷入内战，各派政治力量将会在战场上重新洗牌，喀布尔的统治者将会象走马灯那样，来得匆匆，去得匆匆。

# 美国从阿富汗“脱身”模式初见端倪

陈继东[1]

2009年美国总统奥巴马从其全球战略和国内政治需要考虑，提出以“增兵促撤军”为核心的阿富汗新战略，美国决心从阿富汗“脱身”的意图凸现。2011年6月22日，奥巴马正式宣布撤军计划，美国开始从阿富汗的撤军进程，其“脱身”模式也初见端倪。

## 一、美国从阿富汗“脱身”的战略意图

阿富汗战争始于2001年10月，由美国前任总统小布什发动，至2009年1月奥巴马就任总统时，这场战争已历时7年多，

---

① 陈继东，四川大学巴基斯坦研究中心执行主任。

到2011年奥巴马宣布撤军计划，已历时10个年头，远未看到结束的曙光。

## （一）增兵阿富汗，意在尽快撤出

2009年12月1日晚，奥巴马在西点军校宣布向阿富汗增兵3万，同时公布酝酿数月的阿富汗新战略，意味着阿富汗战争正式进入“奥巴马阶段”。奥巴马称，美国一定会光荣走出阿富汗。按照奥巴马的证论，尽早增兵是为尽快撤军。但第二次世界大战后美国主导的数场战争显示，兵力多寡与胜利没有必然联系。

四十多年前，时任美国总统的约翰逊增兵越南、扩大战争规模，其初衷也是要以优势兵力一举结束前任总统肯尼迪踏入的越战。1966年，约翰逊总统的副手休伯特·汉弗莱斯在西点军校发表演讲，称美国一定能在越南战场取胜。其结果是这场战争最终打了近12年，美国不得不撤出越南。

现在，越来越多的论者认为，阿富汗战争可能成为美国的又一个越战，无论奥巴马怎么下注，美国注定要输掉这场战争，除非与塔利班达成政治交易后全部撤军。美驻阿军队最高指挥官麦克里斯特尔2009年9月底宣布，放弃对人烟稀少地区的控制，集中兵力防御人口密集地区。奥巴马新增的3万美军将部署在塔利班势力雄厚的阿富汗东部和南部地区，但其主要任务也是控制当地人口密集的重要城镇，对广大农村地区却无力顾及，而农村正是塔利班等反美武装最活跃的地方和根据地。

美军和北约联军部队2010年的“共同行动”虽然基本控制了马尔贾，但并不能说取得了很大的战略优势。阿富汗整体安全形势也没有太大改变。大部分塔利班武装分子早在“共同行动”的“造势阶段”就已化整为零逃往其他地区，其实力未受大损。2010年以来，几个塔利班高官被抓，也不能根本瓦解塔利班组织，新的领导人会立即产生，阿富汗南部和喀布尔等地接连发生爆炸袭击事件已经说明了这一点。

因此，美国增兵并不能从根本上击败塔利班，“以打促谈”才是其真实意图，以便尽早从阿富汗“脱身”。

## （二）美国从阿富汗脱身的战略考虑

美国决心从阿富汗脱身，出于其全球战略和国内政治需要考虑。

**1. 避免重蹈苏联的覆辙**

历史总是惊人相似。奥巴马向阿富汗增兵3万的决定，让人联想起苏联在阿富汗的遭遇。10年的阿富汗战争拖垮了苏联，美国在阿富汗也拖了10年，目前还看不到获胜的兆头，美国在阿富汗的命运如何，他们自己也心中无数。

美军在2001年10月7日开始对阿富汗进行军事打击，仅用2个月的时间，塔利班政权就迅速倒台。然而，自2007年前后，塔利班在阿富汗卷土重来。2010年夏季驻阿美军士兵人数达到大约10万人，加上盟国北约的军队，驻军人数超过14万人，仍无胜算。尽管目前美军在阿富汗的战争只有10年，但从奥巴马的最新讲话看，美国在2014年前不会完全撤军，这意味着美国在阿富汗的作战时间至少将超过13年。

美国深陷阿富汗“泥潭”的负面影响是战略性的。美国现在是世界最大的债务国，财政赤字和贸易赤字达到难以承受的高峰，金融危机使美国经济陷入困境，结构性问题凸显。尽管目前和可预见的未来美国仍是世界第一强国，但长此下去，其世界霸主地位难保。

奥巴马担任美国总统以来，意识到问题的严重性，做出了把反恐战争重心从伊拉克转向阿富汗的重大决策。他全面权衡了3个月后，决定向阿富汗增兵3万人并指出，增兵是为了尽快结束战争，承诺18个月后（2011年7月后）开始撤军。这意味着奥巴马战略“东移”的第一步，是从伊拉克转向阿富汗，第二步将是从阿富汗转向别的战略方向。

2. **国内政治需要**

阿富汗战争使美国深陷“泥潭”无法自拔。当前，美国民众的厌战情绪日渐弥漫，对美国政府形成巨大的社会和舆论压力，临近国会选举的奥巴马政府倍感压力。

竭力主张增兵的共和党人热衷于突出这场战争的奥巴马色彩，让后者为布什的共和党政府背黑锅。民主党人对此抱有戒心，不甘成为布什政策的替罪羊。奥巴马宣布增兵前几天，民主党控制的参议院外交委员会公布一份报告，称布什政府的错误决策致使“基地”领导人本·拉登绝处逢生，改变了阿富汗战争的进程和国际恐怖主义前景。

美国国内两党围绕阿富汗战争的政治角逐正在展开。

3. **盟国支持下降**

阿富汗战争的久拖不决，令欧洲民众反战情绪不断高涨，欧洲各国政府也因此倍感压力，多个北约成员国表示有可能从阿富汗撤兵。荷兰联合政府由于在阿富汗驻军问题上分歧严重而倒台，德国民众举行示威要求从阿富汗撤军，丹麦政府担心投入过多，拒绝接管驻阿富汗乌鲁兹甘省联军的指挥权。

### （三）从阿富汗“脱身”并非放弃阿富汗

阿富汗在美国欧亚战略的总体布局中具有重要地位，“脱身”并非放弃，美国仍将保持对阿富汗的强大影响力。

目前，美国欧亚战略的总体目标主要是两个，一是防止欧亚大陆再度出现类似苏联那样的竞争对手，快速崛起的中国成为美国遏制的首要目标；二是构建欧亚大陆几个“中间地带”、尤其是由中亚（包括阿富汗）、中东和巴基斯坦所构成的中间地带的国际秩序，从而形成美国欧亚战略的完整布局。

美国在欧亚大陆的东西两端有两大军事政治同盟——美日同盟和北约组织。如今，美国正推动北约东扩和强化美日同盟，其目的就是要遏制中国和俄罗斯。然而，由于欧亚大陆东西相距遥远，加之中俄两国幅员广阔，美国鞭长莫及。为此，美国力图在欧亚大陆的中间地带实施突破，希望实现将中亚和中东连接起来的“大中亚”战略。而阿富汗在美国“中间突破”的战略中具有非常重要的地位，保持对阿富汗的强大影响力，美国才能完成在欧亚大陆中部的诸多战略目标。

中间地带的特殊性也决定了美国不会放弃阿富汗。美国需要在包括阿富汗在内的中间地带控制冲突，遏制动荡，形成符合美国利益的地区性国际秩序。然而，反美的国家如伊朗、反美的势力如各种伊斯兰激进派，却极有可能在此地带发展出一种反美反西方的、激进伊斯兰的“国际秩序”。为防止这种局面的出现，消除或遏制“中间地带”不断出现的威胁，需要美国长期保持在中东和阿富汗的影响力。

## 二、从阿富汗脱身的“模式”选择

阿富汗正在成为美国的第二个越南，在保持美国巨大影响力的前提下完成从阿富汗的战场“脱身”，符合美国的全球战略利益，经过一段时间的选择和研究，美国初步形成实现这一目标的途径或“模式”。

### （一）从比较各种“模式”中找“灵感”

2010 年 2 月 24—27 日，美国国防大学近东与南亚战略研究中心在尼泊尔加德满都举行“阿富汗的回归、重建、和解”工作组会议，集中讨论该地区几个热点国家推进“回归、重建、和解”的模式及其对解决阿富汗问题的借鉴价值。来自美国、阿富汗、巴基斯坦、印度、孟加拉国、尼泊尔、斯里兰卡、伊朗、俄罗斯、土尔其、乌兹别克斯坦、约旦、阿联酋等国的 25 名学者、前外交官和退休将军参会，其中包括 1 名中国学者出席。2010 年 6 月，美国国防大学近东与南亚战略研究中心在土耳其的伊斯坦布尔继续举行“阿富汗的回归、重建、和解”工作组的会议。

会议讨论了本地区近年来平息国内武装冲突、重建和平的几个案例，即：一是尼泊尔毛派停止武装行动、参选执政、“回归主流社会”的“招安模式”；二是斯里兰卡击败猛虎组织的“武力解决模式”；三是巴基斯坦政府与支持政府的部落武装联手对付巴基斯坦塔利班，如在巴焦尔地区那样的“巴基斯坦模式”；四是盟军向伊拉克民选政府移交权力、逐步撤出、间接管理的“代理人模式”或称“伊拉克模式”。

这几种模式是由各国的具体国情所决定的，其对解决阿富汗问题的参考价值各异。

其一，阿富汗战争打了10年，塔利班卷土重来，武力解决效果不佳，因此，总体看，斯里兰卡模式的参考价值不大。

其二，巴基斯坦政府与支持政府的部落武装联手对付塔利班，曾经收到一些效果，对阿富汗实现民族和解有某些参考价值。阿富汗要借鉴这一作法，就需同反塔利班的地方军阀联手，卡尔扎伊政府已经这样做了，效果并不明显。但巴基斯坦政府未能把这一做法坚持下去，2010年与塔利班的和解破裂，政府军在斯瓦特和南瓦济里斯坦进行了两次大规模军事行动，巴基斯坦已经成为反恐战场之一，一时还谈不上与塔利班恢复和谈的问题。总体看，巴基斯坦模式本身效果不佳，目前，巴基斯坦与阿富汗正面临相同的局面，巴基斯坦与阿富汗的最大区别，在于巴基斯坦没有撤出外国军队的问题。因此，巴基斯坦模式为阿富汗可借用的参考价值有限。

比较而言，尼泊尔模式和伊拉克模式最具借鉴价值。

尼泊尔模式的核心，在于承认毛派的政治合法性并接受其参加大选和依据选举结果分享政治权力，条件是毛派停止武装行动，实现国家和平。完成这一“回归主流”的关键进展后，尼泊尔也有新的问题出现，但至今仍能在“体制内”协调，毛派也很难再回到“武装斗争”的老路上去。阿富汗塔利班如果能被“招安”，就有可能停止战争。

要在阿富汗借用尼泊尔模式，美国面临三大问题：

一是塔利班的合法性及其对美国国内政治的影响。与塔利班和平对话并接受其参加阿富汗政府，意味着美国10年来对阿富汗的战争“师出无名”，等于承认美国继苏联之后被击败，这将是奥巴马政府难以承受的政治代价。但是，2011年5月初美军在巴基斯坦击毙本·拉登，为美国提供了其必需的理由，即，美国将在阿富汗反恐已经取得重大胜利的前提下，“体面”撤军。

二是阿富汗现政府并不愿意与塔利班分享政治权力，因为这将使阿富汗现政权“军心不稳”，还可能加重对美国的离心倾向。但在美国去意已定的局面下，卡尔扎伊政府不能不认真考虑与塔利班的和解问题，因此摇摆不定。如何分配权利也是关键问题，如果塔利班分享权力比例过大，将导致建立亲美代理人政权的目标落空；如比例过小，塔利班不会接受。

三是塔利班是否接受这种政治安排，还是未定因素，尤其是在美军继续在阿富汗推进武装行动的情况下，与塔利班进行和平对话还难以实际推行。塔利班目前的表态是，要求外国军队全部撤出阿富汗，然后再进行谈判，这等于是拒绝和谈。

伊拉克模式的关键，是建立一个具备基本能控制局势的亲美政府，美国军队由直接控制转变为间接控制，即通过当地政府进行控制和治理，美国的角色由“演员”转变为“导演”和“裁判”，逐步从伊拉克脱身。

要在阿富汗借用伊拉克模式，美国面临的主要问题是：

卡尔扎伊政府太弱。卡尔扎伊政府不得不与地方军阀分享权利，以换取地方军阀对中央政府表面上的服从和共同对付塔利班。卡尔扎伊政府即使有美国支持，也难以收揽人心，不具备与塔利班争夺天下的能力，完全依赖美国的支持，一旦失去美国的支持，卡尔扎伊政府很难生存下去。也就是说，目前的卡尔扎伊政府难以担当起美国“代理人”的角色。但美国一时还离不开卡尔扎伊政府，即使卡尔扎伊再次当选问题很多，美国也只能权且认可，先对付塔利班，撤换卡尔扎伊或改组阿富汗政府的事，留待以后再说。

## （二）酝酿中的“阿富汗模式”之雏形

美国人知道，他们不能简单移植尼泊尔或伊拉克的“模式”，必须另行寻找适合阿富汗的脱身之策，形成“阿富汗模式”。

美国“阿富汗模式”的雏形是尼泊尔和伊拉克“模式”的结合，还吸收某些巴基斯坦模式的做法，包括两大基本内容。

一是要在阿富汗维持一个亲美政府，确保美国在该地区的战略利益，这是“代理人模式”的基本要素。目前的卡尔扎伊政府符合亲美这一条件，但本身腐败无能，又有“傀儡政府”的名声，在国内支持率不高，根基太弱，面对塔利班的武装袭击，不能担当起维护国内基本正常秩序的职能，这是美军陷于阿富汗泥潭的关键所在。美国要从阿富汗脱身，必须从根本上改变这一状况。主要途径：首先，训练一支数量庞大的阿富汗政府军，使之能逐步担负维持社会治安和对塔利班作战的职能，美军逐步向阿富汗政府军移交防务。其次，帮助建立各地基层政权和警察体系，加强现政府的治理能力，同时要求现政府“反腐倡廉”，改善形象，争取民心。这一套作法源自“伊拉克模式”。在基层政权和社区建设中发挥“支尔格”的作用，这是普什图人特有的传统治理模式。

二是“以打促谈”、“打谈结合”，“招安”塔利班，为美军撤出创造条件，这与尼泊尔模式有某些相似。通过和谈，引导塔利班武装势力放弃武装行动，参与国内政治进程，分享部分政治权力，基本结束武装冲突局面，使阿富汗的亲美政府具有基本的生存能力，加上美国的外部支持，才能稳定阿富汗局势，并使美国能从阿富汗“体面”脱身。从目前看，美国加强军事行动，一是要把塔利班的势头打压下去，打掉塔利班高层反美的领导核心，促使塔利班的内部转变，在新的领导人走上塔利班高层领导岗位后，有可能愿意与美国和解并放弃反美立场。二是要把塔利班打散，使本来就比较松散的塔利班势力“群龙无首”，各自为政，以便引导各地塔利班地方领导人与政府和谈，分化瓦解塔利班，逐步、逐地区实现停火（巴基斯坦“模式”），最终实现全国和平。

## 三、结语

阿富汗塔利班与“基地”组织不同，其主要诉求是在阿富汗国内，在遭受10年战争打击后，既无外援，在内部得到的支持也有限，仅以塔利班的力量，不可能对美国构成致命威胁，不是美国全球战略的打击重点所在。但阿富汗乱局却有可能成为拖垮美国的“泥潭”，使其不能集中精力于主要战略方向。

面对现实的严峻挑战，奥巴马试图将俄罗斯、印度和中亚国家乃至地区国际组织拉入阿富汗战争中来，发挥其在阿富汗问题上的政治影响。与此同时，把中国拉进来也是其极为重视的设想，企图把这场战争抬升为“国际反恐战争”而不是美国的或奥巴马的战争，以尽早实现战略解套。

但美国的战略利益决定了美国不会完全退出阿富汗这一战略要地，所谓“脱身”是指改变目前被困阿富汗战场而无力顾及其他战略方向的被动状态。美国从阿富汗战场“脱身”的同时，将通过在阿富汗建立永久性军事基地来保持其影响力的长期存在。

美国从阿富汗“脱身”的战略意图在于集中力量应对中国崛起，涉我性极强，如果其成功实现从阿富汗战略东移，则可能对我和平发展战略形成重大挑战。

从目前态势看，美国还需要时间来考虑和确定其从阿富汗脱身的具体实施环节，其撤出阿富汗的“模式”最后定型还需一段时间，其动向应予关注。

# 阿富汗安全形势及其对中亚的影响

王世达①

奥巴马政府上台后，接替布什政府继续完成在阿富汗的“使命”。如今，美军在阿富汗鏖战十年之久，但安全形势持续恶化，与反叛势力和谈进程“雷声大，雨点小”，以美为首的国际安全援助部队疲态明显。阿塔更是在坚守南部大本营的同时向北部省份渗透，国际、地区暴恐势力紧随其后并对中亚构成日益严重的威胁。

## 一、奥巴马新战略未能扭转阿安全形势恶化势头

为增强在阿军事行动效果，奥巴马政府除大量增兵外，还不

① 王世达，中国现代国际关系研究院。

断降低目标追求，不但放弃在阿“建立民主样板”、保障妇女人权等“崇高目标”，还大幅缩小打击对象。重在摧毁国际恐怖势力在巴阿的生存基地，集中火力打击“基地”及其盟友。对阿富汗塔利班（阿塔）等本土反叛武装则改行“以武促谈”，区分“温和派”和“强硬派”，拉拢“温和派”、孤立“强硬派”。但迄今为止，美新军事策略成果有限。

首先，武力清剿效果不彰。奥巴马上台后多次向阿富汗增兵，并要求北约盟国增兵支援。截止 2010 年 12 月，驻阿美军已达 10 万，联军总数超过 15 万。驻阿联军军事优势更加明显，接连发起大规模军事清剿行动。2010 年 2 月，1.5 万美军及阿政府军在赫尔曼德省马尔贾地区展开代号“共同行动”的大规模军事行动，以清除阿塔势力并在当地恢复阿政府管治。但因后续民事建设滞后，以及阿地方政府执政能力有限等的掣肘，阿塔仅数月后即卷土重来，重夺部分地区实际控制权。5 月初，马尔贾地区长官扎希尔·汗（Mohammad Zaher Khan）公开对重建进展缓慢表示不满；该区议长甚至努力与当地武装分子媾合，并称“这是保持马尔贾稳定的唯一途径”。① 9 月初，在议会选举（9 月 18 日）的安保重压下，美军勉强展开原定 6 月发动的坎大哈军事行动，但议会选举完毕后此次军事行动渐行渐弱。10 月 27 日，阿

---

① Marjah fears return of warlords, Mohammad Elyas Daee and Abubakar Siddique, Asia Times, Mar 11, 2010. http://www.atimes.com/atimes/South _ Asia/LC11Df01.htm

政府宣布坎大哈战役行将获胜，有意提前结束此次战役。[①] 两次战役效果很不理想。据《华盛顿邮报》报道，参与战况评估的美国防部高官表示："阿塔具有强大的'重组和再生'能力，在遭受重创后往往数日内就可恢复。没有任何迹象表明阿塔已失去这种能力。"[②] 同时，阿塔吸取2001年与美"硬碰硬"惨败的教训，坚持以"路边炸弹＋游击战＋突袭战"等不对称战法与美周旋。自2009年中期以来，除保持在阿东部、南部的强势存在外，阿塔还向西深入法拉省，并联手"乌伊运"等中亚恐怖组织进入北部昆都士等省，活动范围呈现"北进西突南守"之势。此外，"哈卡尼网络"（阿第二大反叛组织）在东部频繁发动恐袭；"伊斯兰党"（阿第三大反叛组织）在东部偏北地区相当活跃。截止2010年11月11日，联军已有633人阵亡，超过2009年全年数字，再次刷新联军伤亡记录。[③] 另据统计，阿富汗2010年上半年共有1271名平民身亡，较2009年同期上升31%，其中76%由阿塔等反叛力量造成。[④]

其次，"以武促谈"策略未能奏效。美起初反对和谈，后迫于压力改行"以武促谈"。2010年上半年，国务卿克林顿及前任

---

① 卡尔扎伊政权一直不太支持美军发动坎大哈军事行动，原因有三：一是马尔贾战役成效不彰；二是卡尔扎伊本人有意以"以就业换和平"推进与塔利班等反政府武装的政治和解，不希望美军行动干扰其努力；三是坎大哈部落长老反对。4月初，卡尔扎伊在坎大哈与地方长老会面时表示，不会让外国人干涉当地事情，强调自己绝非外国人的傀儡。在得知当地部落长者反对美军发动坎大哈战役后，他曾表示将拒理力争，劝阻美军放弃行动。

② 《阿政府宣告坎大哈战役将胜美军称塔利班蛰伏待机》，新华网，2010年10月29日，

③ http：//icasualties. org/oef/

④ 《2010年上半年阿富汗平民伤亡人数上升3成以上》，新浪网，2010年8月11日，

驻阿美军主帅麦克里斯特尔均表示至少待坎大哈战役结束后再行和谈。然而，马尔贾及坎大哈军事行动均未能逼迫阿塔接受美方和谈条件，即“弃武、遵宪、与‘基地’绝交”。为尽早结束战事，美转而将阿政府推向前台，支持卡尔扎伊“和解与再融入计划”。9月28日，驻阿美军最高指挥官彼得雷乌斯首次承认与阿塔存在秘密接触，并称“美国支持阿政府与阿塔和谈，这是解决阿叛乱的最有效途径”。[①] 10月15日，彼得雷乌斯明确表示，“将为阿塔成员赴喀布尔与阿政府和谈提供便利，保证不会逮捕参会代表”。[②] 但考虑到阿塔未公开放弃“先撤军，后谈判”的强硬立场，加之其发言人反复表态否认开启和谈，阿政治和解前景依旧不明。

第三，北约盟国“归心似箭”。美虽拉拢40多国在阿驻军，但其中绝大多数国家不愿与阿塔正面作战，个别派兵国甚至向阿塔交纳“保护费”换取自身安全。例如，英国《泰晤士报》2009年10月15日报道，意大利特工曾秘密向阿塔交“保护费”为意军买“平安”，而接替意军防务的法国军队则因“没交保护费”而遭阿塔伏击，致使数十名法军士兵伤亡。与此同时，各出兵国在国内日益严重的政治和财政双重压力下，纷纷思谋“走人”。2010年2月20日，荷兰联合政府还因在阿富汗驻军问题上分歧过大而倒台。8月1日，荷兰率先宣布，将逐步撤出约2000名驻阿士兵，并将防务移交给美国、澳大利亚军队。此举引发连锁反应，多国公开撤军时间表。例如，加拿大决定于2011年全部

---

① 《美国高官证实阿塔秘密接触阿富汗政府》，新浪网，2010年9月29日，

② 《美军证实向参加和谈的塔利班领导人提供了方便》，人民网，2010年10月16日，

撤出 2700 名士兵，英国于 2011 年开始撤军，波兰新任总统科莫罗夫斯基表示将于 2012 年底前完成撤军，德国也将从 2012 年开始逐渐减少驻阿士兵。此外，法等欧洲大国虽向阿派兵数千之众，但刻意远离战斗，其象征意义远大于实际意义。总之，美在阿军事行动日益陷入单打独斗的困境。

最后，美“政治挂帅”增加取胜难度。阿国土面积辽阔，地势复杂，多高山、峡谷等险峻地貌；公路、铁路等基础设施极其落后，通行不便，不适合机械化部队展开作战。阿塔虽被美扣上“支恐”帽子，但本质上仍是不满外军占领的反叛组织，且拥有强烈的“普什图大民族主义”思想，不愿少数民族掌控喀布尔政权。普什图人在相当程度上仍处于部族社会阶段，族群观念强烈，有“一家有难，大家帮忙”的传统，其世代相传的“普什图瓦里”(Pashtunwali)① 更是加强了普什图人“反对外侮”、“有仇必报”的反抗精神。上述地理特点及普什图民族特性先后挫败了英国、苏联控制阿富汗的尝试。然而，奥巴马现行战略非但未立足战场现实，反让美国内政治斗争“牵着鼻子走”。在以“阿战保选战”的政治心态驱使下，美不仅无力清剿阿南部的阿塔根据地，反因战事造成大量平民伤亡进一步培植了阿塔的生存土壤。更为重要的是，奥巴马 2009 年 12 月 1 日宣布的“撤军”计划客观上极大鼓舞了以阿塔为首的反叛力量的“必胜信念”。尽管奥巴马及其团队此后一再强调撤军须“视情而为”，但以阿塔为首的反叛力量已转而采取保存实力、坐待美撤军后再发力夺权

---

① 普什图延续数千年的传统习惯法，凌驾于一切法律之上，其核心价值为自由、荣誉、复仇和好客精神。

的军事与政治策略。一方面，避免正面交火，在广大农村地区以路边炸弹应对联军清剿，在城市则以“人肉炸弹”频袭重要军政目标、政府要员，以最小代价造成最大杀伤，打击联军及阿军士气，增加派兵国反战情绪及政治压力；另一方面，继续发挥“影子政府”作用，尤其积极充当部落纠纷的仲裁者，培植群众基础与政治影响，遏阻当地民众与驻阿联军和卡尔扎伊政府开展合作。

## 二、阿北部暴恐势力及其动向

目前，国际媒体倾向于用“阿富汗塔利班”一词概括阿境内所有反抗武装。实际上，阿境内武装派系繁多，虽然基本上都反对外国军队“占领”、要求在更大范围内建立伊斯兰秩序，但各大反抗武装往往自成体系、独立行动，在一些具体问题上态度甚至截然相反，不能简单混为一谈。阿境内主要有三大反美武装针对驻阿联军、阿政府军及国际社会在阿行动频繁发动袭击。这三大武装分别是奥马尔指挥的阿富汗塔利班、贾勒鲁丁·哈卡尼和西拉杰丁·哈卡尼父子领导的“哈卡尼网络”以及希克马蒂亚尔领导的“伊斯兰党”。奥马尔一手成立阿塔，虽长时间未曾露面但仍被阿境内各派反抗力量视为反美“灵魂人物”、“抵抗运动的风向标”。该派是正统的“阿富汗塔利班”，但鉴于其从坎大哈起家，至今仍把坎大哈及附近地区视为其军事大本营和“精神故乡”，也被称为“坎大哈派”。目前，阿塔指挥机关已经移至巴基斯坦奎达，其武装力量主要活跃在阿南部坎大哈、赫尔曼德、乌鲁兹甘、扎布尔和尼姆鲁兹等省份。“哈卡尼网络”以巴基斯坦北瓦济里斯坦为基地，主要在阿东部帕克蒂亚、帕克蒂卡和霍斯特省活动，并经常在首都喀布尔发动恐怖袭击。“伊斯兰党”以巴基斯坦白沙瓦为重要活动据点，主要活跃在阿东部、东北部地区的库纳尔、楠格哈尔、拉格曼、霍斯特、卢格尔等省。

自阿塔政权倒台至2009年，阿塔势力一直集中在南部区域。从2009年春季开始，阿塔活动范围延伸到阿中部地区。2009年9月以来，阿境内各类极端、恐怖势力呈现“由南向北、北进中亚”势头，这源自驻阿联军连续在阿南部展开大规模军事清剿，巴基斯坦军队在美方压力下也在南瓦济里斯坦等西北部落区展开清剿，各类极端、恐怖组织在巴阿边境地区的活动空间遭大幅挤压，被迫进入阿境内军事压力较小的北部地区，既分散联军的注意力，也开拓新的战场，扩大战略上的回旋余地。

首先，阿塔联手“乌伊运”北上昆都士省。阿北部存在若干普什图人聚居的飞地，昆都士就是其中重要一块。阿塔掌握政权期间曾以昆都士为北方战略基地，其在阿北部的历次重大军事行动几乎都在该省策划实施。昆都士还曾是“伊斯兰党”（与阿塔若即若离，存在一定的合作关系）的势力范围。2001年，阿塔在美“持久自由”军事行动的打击下溃不成军，一路向南败退，但也有一些武装分子留在该省长期“潜伏”。此外，阿北部武装分子中还有不少“哈卡尼网络”（长期与阿塔协同作战，其领导人贾勒鲁丁·哈卡尼曾是阿塔核心成员，至今仍宣誓效忠奥马尔）成员和希克马蒂亚尔领导的“伊斯兰党”成员。目前，阿塔正在加紧整合昆都士各股派系，扩大自身影响，拓展活动范围。同时，昆都士等省部落结构复杂，包括普什图、塔吉克、乌兹别克等民族。由于“乌伊运”很多成员曾在20世纪90年代中期在阿北部参与塔吉克斯坦反政府武装的反政府行动，加上阿北部主体民族是塔吉克人和乌兹别克人，“乌伊运”在北部地区有较大的活动空间。因此，阿塔“北上”行动离不开“乌伊运”的支持。2010年初，阿国防部发言人称，阿塔及部分“乌伊运”武装分子已进入北部省份，北部安全形势迅速恶化。阿塔在很多地区建立“影子政权”、代行执法、袭击政府官员，并在乡村地区公开巡逻。[①] 迄今为止，已有包括前总统布尔汉努丁·拉巴尼及该省司法部长在内的多名高官在昆都士省遇袭。2009年6月，联合国粮农组织驻该省办事处遭到多名武装人员袭击。2010年8月10日，昆都士省长也在清真寺遭自杀式爆炸袭击身亡，这些凸显该省及邻近地区的安全形势不容乐观。在此情形下，驻阿联军加大对阿北部地区的军事施压力度。2010年3月，美国防部宣布向阿北部增调2500名美军。阿国民军在驻阿联军的协助下在昆都士省和邻近巴格兰省不断清剿阿塔势力，稳定整体安全局势。2011年1月9日，阿国民军和驻阿联军在该省一次军事行动中击毙15名阿塔武装人员。阿政府也宣布数月来阿北部地区已有200多名阿塔等反叛组织武装成员放下武器，向政府投诚。

其次，阿塔等极端组织有意向北部其他省份渗透。昆都士战略位置非常重要，介于巴尔赫及塔哈尔两省之间，恰好把北部塔吉克族居住区一分为二。历史上，前“北方联盟”领袖马苏德就曾因对该省重视不足，导致阿塔顺利控制从喀布尔到潘杰希尔山口的大片平原，有效阻断了前“北方联盟”源自塔吉克斯坦的给

---

① Rising security threat in Afghan north，Abdul Latif Sahak，Nov 5，2010，

养运输通道。目前，鉴于东部巴达赫尚、塔哈尔等省局势相对平静、操作空间不大，阿塔和“乌伊运”的渗透重点便是西部的巴格兰、巴尔赫和萨曼甘等省。阿内政部二号反恐负责人艾哈迈迪（Sayed Anwar Ahmadi）2010年初表示，北部非法武装分子主要是阿塔和“伊斯兰党”势力，上述组织已经在昆都士、巴格兰和法拉等省建立势力范围。2010年11月，阿国家警察指挥官达乌德（Daud Daud）表示，昆都士、塔哈尔、巴格兰、巴尔赫、朱兹詹和法里亚布省的安全形势迅速恶化，阿塔等反叛组织在巴达赫尚、萨尔普勒以及萨曼甘省等其他北部省份也建立了若干据点。[①] 有分析人士称，各民族之间的严重对抗是阿北部地区成为叛乱活动新场所的主要原因。例如，在北部和东北部地区占据主导地位的准军事组织“伊斯兰促进会”（塔吉克人主导）和“伊斯兰民族运动”（乌兹别克人主导）针对当地少数群体普什图人的袭击导致后者不安全感强烈，更加支持普什图族占主体的阿塔等反叛组织。巴尔赫省一名部落长老表示，2001年塔利班政权倒台以来，当地已经有100多名部落长老死于种族冲突和政治斗争。当局漠视这一事实，引发普什图民众的强烈不满，阿塔等组织借机拉拢人心、招募新兵、不断壮大。

## 三、阿富汗乱局对中亚产生消极影响

首先，毒品经济荼毒中亚。2010年，阿罂粟种植面积仍然

① Rising security threat in Afghan north，Abdul Latif Sahak，Nov 5，2010，

高达12.3万公顷。虽然北部各省的罂粟种植情况得到了一定程度的控制，但是南部和西部地区安全状况最差的9个省的种植面积却仍然保持在原有的水平。这些地区鸦片种植面积占到全国鸦片种植面积的98%。由于鸦片产量减少，毒品价格不断攀升，阿富汗境内鸦片价格上涨了164%。不断上涨的鸦片价格将会刺激农民扩大罂粟种植面积。①

中亚地区由于普遍贫困、边境控制不力以及语言和文化方面的密切联系，日益成为阿毒品贩运到欧洲的“便利通道”。20个世纪90年代中期，该地区仅存在一些零星的贩毒活动和较小的毒品市场，如今随着阿毒品向外渗透活动加剧，该地区的毒品贸易已经颇具规模。“乌伊运”等恐怖组织及一些装备精良的国际贩毒组织的参与导致毒品贸易更加活跃。其中，塔吉克斯坦是阿毒品进入中亚的关键国家。塔阿边境线长达1300多公里，地理环境复杂，气候条件恶劣，管控难度很大。2005年以前，塔阿边界由俄罗斯第201陆军师驻守，负责打击毒品贩运、跨国走私以及各类恐怖活动。1998至2003年期间，塔边境共截获30吨毒品，其中包括16吨海洛因。② 2005年8月以后，塔阿边界的驻守任务转交塔吉克斯坦安全人员。由于技术手段、武器装备不足以及腐败问题的存在，塔在打击毒品方面面临着严峻考验。阿毒品经中亚进入俄罗斯及欧洲国家的主要途径如下：阿东北部巴达赫尚省——戈尔诺·巴达赫尚（塔吉克斯坦）——奥什（吉尔吉斯斯坦）——苏姆盖特（阿塞拜疆）——波斯尼亚（克罗地

① Afghanistan Opium Survey 2010，September 2010，p2.

② 《阿富汗毒品问题及其对地区安全的挑战》，新疆哲学社会科学网，2010年11月30日，

亚）——西欧；巴达赫尚——戈尔诺·巴达赫尚——奥什——比什凯克——叶卡捷琳堡（俄罗斯）——莫斯科——爱沙尼亚——瑞典——美国；巴达赫尚——杜尚别（塔吉克斯坦）——博姆博拉（格鲁吉亚）——土耳其；阿北部重镇马扎里沙里夫——铁尔梅兹（乌兹别克斯坦）——塔吉克斯坦——阿布哈兹——罗马尼亚。

其次，安全形势恶化“外溢”中亚。阿富汗与塔吉克斯坦边境地区是极端势力向中亚渗透的重点区域。该地区地形复杂，控制难度较大。不法分子经常经阿东北部巴达赫尚省将毒品带入塔吉克斯坦，再从塔吉克斯坦运回苏联时代的库存武器。阿与乌兹别克斯坦边境线较短，且乌方派驻大量安全人员，边境地区总体安全。但需看到有众多山间小路连接塔吉克斯坦和乌兹别克斯坦，武装分子往往经塔吉克斯坦向乌渗透。阿与土库曼斯坦边境（阿方主要是巴德吉斯省）安全形势介于上述两者之间，原因在于阿土边境线较长，安全人员不足，且边境两侧人口稀少。

20世纪90年代中期，在阿塔等极端组织和车臣民族分裂主义的影响下，中亚泛伊斯兰势力就大肆鼓吹圣战，扩招成员，健全组织机构，迅速向国际恐怖主义方向发展，暴力恐怖活动日益猖狂，相继在哈、吉、乌、塔制造了具有浓厚政治色彩的暴力恐怖事件。对中亚安全威胁最大的恐怖组织“乌伊运”就曾得到阿塔和“基地”组织的大力支持，在阿接受军事训练、获取武器和经费，然后对乌、吉、塔等中亚国家进行武装袭扰，成为中亚地区动乱的主要因素。“乌伊运”虽然受美军在阿反恐战争的打击而暂时处于低谷，但仍伺机再起。2009年以来，该组织与阿巴境内的塔利班等极端势力相互配合，活动范围不断扩大。值得一提的是“乌伊运”与“基地”组织联系密切，有意网罗地区极端势力组建泛中亚恐怖网。由于阿与塔的边境地区地势险峻、防务薄弱，自 2009 年中期以来，为数不少的武装分子直接从阿境内潜入塔吉克斯坦，特别是塔、吉、乌三国交界处的费尔干纳盆地地区。除了外部受阿境内暴恐势力渗透外，中亚地区本身贫穷落后和政局动荡也为极端、暴恐势力发展创造了条件。

最后，“北方通道”将招致极端分子更多袭击。阿富汗位于欧亚大陆腹地，没有出海口，历史上主要依赖巴基斯坦卡拉奇作为其进出口通道。在 2009 年以前，驻阿联军物资绝大部分取道巴基斯坦，主要有两条运输线路：一条经卡拉奇前往阿巴边境北部地区开伯尔山口，最终抵达喀布尔；另一条从卡拉奇延伸至西南部俾路支斯坦的杰曼镇，通往阿南部坎大哈省。据美国国防部 2009 年数据，驻阿美军 75%的物资从巴基斯坦运进，其中包括 40%的军用燃料。[①] 然而，“巴基斯坦通道”逐渐无法满足联军的后勤运输需求。主要是安全问题，塔利班以及其他武装分子频繁在巴西北地区特别是白沙瓦附近袭击联军运输车队。更为严重的是，巴基斯坦配合美军反恐招致非法武装分子的疯狂报复。近一年来，巴境内暴恐活动从西北一线逐渐向旁遮普等东线腹地扩展，呈现“全面开花”势头，造成大量平民伤亡，导致本已恶化的经济形势雪上加霜。巴民众把安全形势恶化归咎于政府与美合作，反美情绪强烈。2010 年 9 月 30 日，巴政府宣布关闭开伯尔通道，抗议美军越境空袭打死巴军士兵。随着美加大对阿军事部

---

① 《北约想借道瓦罕走廊》，北青网，2009 年 3 月 24 日，http://zxss.ynet.com/article.jsp?oid=49934351

署，“南部通道”的安全性与可靠性更令联军担心。

在此背景下，美国先后与俄罗斯、哈萨克斯坦、乌兹别克斯坦、塔吉克斯坦签署过境运输协议，大力构筑“北方通道”。主要由以下三条线路构成：1. 波罗的海——乌兹别克斯坦铁路通道。起点为拉脱维亚首都里加，经俄、哈、乌进入阿，列车拥有沿途优先通行权，保证物资 9 天内抵达。2. 吉尔吉斯斯坦——阿富汗空中运输通道。主要通过玛纳斯机场向阿北部运送人员和军事物资。2009 年 6 月，美出资 1.7 亿美元保留了该基地使用权，并将基地更名为物资转运中心。3. 土耳其——格鲁吉亚——阿塞拜疆——土库曼斯坦——阿富汗铁路通道，目前该通道尚未全线贯通。中亚铁路通道已经成为驻阿联军的重要补给线，极大地改善了补给状况，减轻了对南部巴基斯坦补给线的严重依赖。美高度重视该通道，高官多次访问中亚，2010 年 12 月，希拉里访问哈、吉、乌，强调“北方通道”对联军的重要意义。

然而，“北方通道”也成为阿巴境内各类极端、恐怖势力的“眼中钉”。一方面，阿塔等极端组织必将在阿境内加大对北方省份的渗透力度，特别是与乌兹别克斯坦接壤的萨曼甘和巴尔赫省以及与土库曼斯坦接壤的巴德吉斯省，打击联军从乌、土两国向阿运输物资。例如，巴尔赫省长努尔（Atta Mohammad Nur）2010 年 11 月表示，2009 年该省只有少数村庄面临反叛分子的威胁，现在全省安全形势已呈现普遍恶化趋势，反叛分子的活动范围已经延伸至该省首府、阿北部最重要城市马扎里沙里夫的外围。[1]

塔利班还利用与“乌伊运”等国际恐怖组织的联系，要求后

① Rising security threat in Afghan north，Abdul Latif Sahak，Nov 5，2010，

者在中亚各国沿途加大对“北方通道”袭击力度。2010 年中期以来，各类极端组织在塔吉克斯坦针对军政目标连续发动较大规模的恐怖袭击，吉尔吉斯斯坦南部更是爆发造成严重人员财产损失的大规模骚乱。随着“北方通道”承担越来越多的联军物资运输任务，各类极端、恐怖组织针对中亚相关国家发动袭击的可能性也将日益增大。

# 阿富汗局势走向及其对和平重建的影响

陈新明[1]

阿富汗战争是21世纪以来的第一场国家间战争，最终以阿富汗塔利班政权的倒台、成立亲美的卡尔扎伊政权而结束。然而“后塔利班时代”阿富汗局势却始终不容乐观，塔利班与基地组织等反政府力量、毒品问题、阿富汗政府腐败等问题未能得到有效遏制与解决，阿富汗战后和平重建困难重重、进展甚微。

① 陈新明，中国人民大学国际关系学院欧亚所教授。

## 一、2001年以来的美国对阿战略

### （一）布什发动了一场有头无尾的战争

阿富汗战争即将度过其自爆发以来的第10个年头。1979年的苏联入侵拉开了阿富汗长达30多年动荡不安的战乱历史。阿富汗战争前夕的阿富汗，处于塔利班极端政权的统治之下，经济上停滞不前，并催生刺激了毒品经济的发展；政治上极权专制，且与本·拉登领导的基地恐怖主义组织相互勾结；外交上国际社会拒绝予以承认，陷入孤立。"9·11"事件后，布什政府发动针对塔利班政权的战争，军事行动上的速战速决使得阿富汗战争很快进入战后重建阶段，然而和平重建的进程却因各种原因一直困难重重，止步不前。布什政府对阿富汗局势的严重性明显估计不足，精力过分集中于依靠军事手段对恐怖主义进行打击，忽视改善阿富汗经济、民生、政权腐败与毒品泛滥等问题。这些战略上的失误与不切时宜，导致阿富汗问题一拖再拖，现状不容乐观。如今，塔利班和基地组织势力并未受到毁灭性打击，依然是美国和北约部队深感头疼的对象，威胁着卡尔扎伊政府的统治以及平民安全；阿政府一直受到腐败等问题的诟病，软弱无力，实际有效控制区域仅局限在首都周边，经济结构呈畸形状态，毒品经济仍占国民经济相当大的比例，毒品问题没有得到实质性遏制，等等。2003年，美国又发动针对伊拉克萨达姆政权的斗争，这吸引了布什政府在阿富汗问题上的大量精力。此后，阿富汗问题直到布什卸任时也没能取得卓有成效的进展，而是留给了其继任者奥巴马政府。虽然在军事上取得了快速而有效的成功，也达到了政权更替的目的，但就阿富汗问题整体而言，阿富汗战争还远远没有结束。可以说，布什政府在阿富汗发动了一场有头无尾的战争。

## （二）奥巴马战略的出台

奥巴马政府上台以来，改变了共和党政府的“全面反恐”策略，从伊拉克撤军，将注意力重新集中到阿富汗。2009 年 3 月 27 日，奥巴马正式公布美国在阿富汗及巴基斯坦的新战略，明确了新时期阿巴战略的核心目标就是“打乱、打碎、打败（disrupt，dismantle，defeat）在该地区的‘基地组织’，杜绝塔利班在阿富汗卷土重来”。美国需要“更强大、更灵活和更综合全面”（stronger，smarter and comprehensive）的战略部署，以达到这一目标。这些战略部署包括：

第一，加大对阿援助，增强阿富汗与巴基斯坦两国的军事、经济和政府统治能力。国会在未来五年内，每年应向巴基斯坦提供 15 亿美元的援助，用以建造学校、道路和医院，并增强巩固该国的民主制度等，还需加大援助以改善阿巴边境地区的经济状况；

第二，充分意识到并加强阿巴两国在反恐等领域内最基本的内在联系与相互合作，不再孤立地看待与解决阿富汗与巴基斯坦的恐怖主义等问题；

第三，改变以往单纯依赖子弹或炮弹等军事手段的做法，综合利用经济、民事、外交等各种手段，将反恐与改善民生与基础设施建设联系起来；

第四，加强阿富汗安全部队的训练，并扩大其规模，使其以后能够取代美国部队承担起保障国内安全的职责。调配约 4000 名美军士兵参与阿安全部队的训练，到 2011 年建立起 13.4 万阿富汗军队以及 8.2 万警察部队；

第五，对塔利班和基地组织不是一味地全面打击，寻求与塔利班温和派进行对话，转而重点打击基地恐怖主义组织，希望通过分化塔利班阵营，尽可能政治解决反对派与卡尔扎伊政府之间的问题；

第六，北约盟国和其他伙伴、中亚各国、海湾各国、伊朗、中国和俄国等相关国家都是阿富汗问题的利益攸关者，美国需要加强与这些国家的合作，而不是主要靠美国一方的力量。[①]

## （三）奥巴马战略的新特点

相比布什政府的阿富汗战略，奥巴马带来的变化主要有以下两点：

第一，加大对阿富汗问题的重视和总投入力度。布什政府任期内，美国七年时间在伊拉克共花费约 7840 亿美元，而九年间

---

① The White House, Office of the Press Secretary, "Remarks by the President on a New Strategy for Afghanistan and Pakistan," http: //www. whitehouse. gov/the _ press _ office/Remarks-by-the-President-on-a-New-Strategy-for-Afghanistan-and-Pakistan

在阿富汗的花费却不到伊拉克费用的一半，只有约 3210 亿美元。[①] 兵力投入上，美国在伊拉克驻军有 13 万人之多，而在阿富汗却只有约 5 万人。与伊拉克相比，阿富汗出现了“人员不足、资源不足、财政不足”的情况[②]。投入上的严重失衡状况在奥巴马上台后得到了改变。早在总统竞选期间，奥巴马就承诺，上任后 16 个月内从伊拉克实现撤军。上任后，他明确表示伊拉克战争是一个“错误”、一个“可选项”，而阿富汗战争则是一场“必打的战争”，是反恐战争的主战场。[③] 宣布从伊拉克撤军，转而向阿富汗增兵达 2.1 万人，这一数字两年来不断增加，据报道，由此美国每年在阿富汗耗费的军费约在 300 亿美元以上。足见奥巴马政府对阿富汗的重视。

第二，多方发力，多管齐下。布什政府时期的阿富汗战略，目标多局限在反恐与扶植卡尔扎伊政府，且过分依靠军事手段，对阿富汗局势的评估带有明显的缺陷与不足。奥巴马上台后，军事方面加大了投入，但不局限于打击基地组织，还承担起训练阿富汗安全部队等任务，为日后向阿移交安全职责并从阿富汗撤军做准备。经济方面，加大资金援助力度，2009 年援助金额为 27 亿美元，2010 年约为 44 亿美元，其中不包括安全方面的重建资

---

① Stephen Daggett，“Costs of Major U. S. Wars”，http：//www. fas. org/sgp/crs/natsec/RS22926. pdf

② 美国国务卿希拉里在阿富汗国际会议上如是形容阿富汗局势。详见 Hillary Rodham Clinton，Secretary of State，Remarks at The International Conference on Afghanistan，http：//www. state. gov/secretary/rm/2009a/03/121037. htm

③ 参见 2009 年 6 月 4 日奥巴马在开罗大学的演讲，http：//www. whitehouse. gov/the _ press _ office/Remarks-by-the-President-at-Cairo-University-6－04－09/

金[1]；同时，加派千余位民事专家参与阿富汗重建，帮助恢复当地经济和服务部门等等；改善农业基础设施，尤其恢复灌溉系统，引导农民恢复传统农作物等罂粟替代作物的种植，遏制毒品经济的泛滥。政治方面，放弃非此即彼、非友即敌的做法，对塔利班和基地组织不再一味打击，而更侧重分而治之，分化塔利班与基地组织阵营，与其中的温和派和解，打击狂热分子；对卡尔扎伊政府施压，以加速解决官员腐败问题，增强中央政府合法性。此外，奥巴马还特别重视阿富汗毒品问题。毒品问题在阿富汗问题中的严重程度仅次于恐怖主义，毒品是塔利班和基地组织赖以生存和发动恐怖活动的重要资金来源，然而毒品问题在布什时期未能得到有效打击，根除罂粟政策受阻，效果甚微。切断塔利班等反政府武装的财源、减少阿农民对毒品经济的依赖，是美国禁毒行动的目标。奥巴马上任后改变了禁毒策略，将打击重点直接放在了贩毒势力上，从而转移了禁毒行动与阿农民之间的矛盾；直接参与打击毒品贸易活动；加大对阿农业援助，发展替代农作物，使之逐渐摆脱对毒品经济的依赖。

① 数据来自美国国务院（Department of State），http：//www.state.gov/documents/organization/135728.pdf

## 二、阿富汗局势现状及其原因

### （一）阿富汗局势现状

阿富汗战争是新世纪以来的第一场国家间战争，然而随着塔利班政权的迅速倒台而转化为美阿政府与塔利班恐怖主义之间的较量，以及阿富汗和平重建的“战争”。这一性质的“战争”相比颠覆塔利班政权而言更为艰巨与复杂，且胜负难料。阿富汗的局势现状更决定了此次“战争”的前景不容乐观。总体而言，阿富汗如今的局势处于进展缓慢的僵持状态，且主要呈现如下几个特征：

第一，总的来讲，阿富汗问题繁多复杂，互为因果，盘根错节，牵一发而动全身。阿富汗现阶段的问题主要有经济恢复速度快但经济结构严重畸形、毒品产业庞大且关系各方利益、中央政权软弱无力且腐败严重、塔利班与基地组织处于游击状态难以对付且实力有所恢复等等，且各个需要解决的问题或需完成的任务之间又深有联系，已经形成了复杂的关系链，对单个问题的解决必须考虑到其与其他问题的联系，孤立地看待这些问题并谋求单个一一进行解决的做法根本行不通，这在布什时期得到了反面验证。

第二，就各个问题而言，塔利班与基地组织在战争中虽然受到了沉重打击，但并没有销声匿迹，而是躲进深山老林，伺机报复甚至反攻。2003 年伊拉克战争爆发后，美军战略西移，塔利班得到了很好的喘息机会，不断扩大领土实际控制范围，发动针对美军与北约部队、阿富汗政府机关以及平民的恐怖爆炸袭击。塔利班势力延续了其执政时期的财政政策，即鼓励鸦片种植并操纵毒品加工与走私交易，从中获取巨额利润，换取武器装备与扩大人员力量。几年来，塔利班在阿富汗与邻国巴基斯坦等地频繁发动恐怖袭击，几乎每天都有类似的新闻报道，阿富汗及其邻国的安全局势不容乐观。

第三，阿富汗政府执政能力令人担忧。塔利班倒台后，美国扶持卡尔扎伊组建民主政府，并执政至今。九年来除了经济形势稍微好转外，没能对塔利班和基地组织势力以乘胜追击，遏制恐怖主义袭击；实际控制范围局限在喀布尔及附近地区，塔利班则大有列土封疆之势，不但巩固了对阿南部地区的控制，还像阿东部地区甚至西部和北部地区伸展自己的势力；腐败严重，地方政府与毒贩勾结，参与毒品交易与走私；鸦片种植与毒品泛滥没有得到实质性遏制；与美军和北约部队的配合缺乏默契，摩擦不断。在阿富汗问题上，似乎美国与塔利班一直扮着主演角色，阿富汗政府没能承担起领导国家重建的责任。

第四，经济恢复发展速度快，但依然成畸形结构，毒品经济影响重大。卡尔扎伊政府成立以来，经济恢复呈喜人状态，每年的 GDP 增速都在 10％以上，2005—2006 财年曾达到 29％[①]，2007—2008 财年更是高达 36％[②]。然而令人担忧的是，毒品经济

① UNODC，Afghanistan Opium Survey 2006，http：//www. unodc. org/pdf/execsummaryafg. pdf

② UNODC，Afghanistan Opium Survey 2008，http：//www. unodc. org/documents/publications/Afghanistan＿Opium＿Survey＿2008. pdf

一直占据阿富汗经济总量中相当大的一部分，2003年度阿富汗毒品经济规模达到了28亿美元，而合法GDP总量只为46亿美元；[①] 2005年，阿富汗GDP总量为52亿美元，其中毒品经济创造的价值为27亿美元，占阿富汗GDP总量的52%；[②] 近年来阿富汗毒品规模在经济总规模中的比例虽然成不断下降趋势（2008年这一比例约为33%[③]），但依然不能说明阿富汗的经济结构已经从畸形中摆脱出来。

第五，毒品在所有阿富汗问题中地位十分特殊。几乎所有的阿富汗问题都与毒品问题有关，且互为因果。在阿富汗，毒品已经渗透到国家与社会的各个角落，毒品问题是整个阿富汗问题解决的核心，与其他问题如反恐等联系紧密。塔利班靠毒品维持其财政来源，是发动恐怖袭击的重要财源，反过来塔利班为鸦片的种植和毒品生产走私提供保护伞；毒品经济造就了阿富汗经济的长年畸形；阿富汗农民以鸦片种植维持生计；阿富汗中央与地方政府的腐败问题，很大程度上表现在官员收受毒贩贿赂，对毒品走私视而不见，甚至提供保护伞，许多官员还直接参与毒品交易。可见，毒品问题在阿富汗问题中有牵一发而动全身的纽带作用，地位十分特殊。

---

① UNODC，Afghanistan Opium Survey 2004，http：//www.unodc.org/pdf/afg/afghanistan_opium_survey_2004.pdf

② UNODC，Afghanistan Opium Survey 2005，http：//www.unodc.org/pdf/afg/afg_survey_2005.pdf

③ UNODC，Afghanistan Opium Survey 2008，http：//www.unodc.org/documents/publications/Afghanistan_Opium_Survey_2008.pdf

## （二）阿富汗局势现状的原因

阿富汗现如今的局势状况，有着深刻的历史原因和现实原因。首先，阿富汗现状有着深刻的历史根源。阿富汗现阶段所表现出来的诸多问题如恐怖主义、毒品问题等起源于苏联上世纪七八十年代的入侵以及随后的阿富汗内战。毒品种植在阿富汗由来已久，但苏联入侵后才得以大规模扩展，形成对国民经济和百姓日常生计的威胁和重新型塑。这主要是由于阿国内各抗苏派别纷纷以毒品所得扩充军备；苏联撤军后，阿内战开始，这一形势得以延续并恶化，形成了以毒养战、以战保毒、战乱不止、毒品不休的恶性循环。塔利班上台后为国际社会所孤立，经济政策又遭遇完败，对毒品财政的依赖达到顶峰①，毒品问题在阿富汗已经渐渐形成深厚的历史积淀，非一时所能解决的。塔利班势力在内战时期迅速崛起，与基地组织的结合，使得恐怖主义国家化，从此恐怖主义就像梦魇一样困扰着这个国家。

其次，现实原因方面。阿富汗的局势现状是布什战略实施的后果，奥巴马的“阿富汗新政”时间尚短，能否带来实质进展仍需时间检验。阿富汗局势现阶段陷入某种程度上的僵局状态，诸多问题依然未能得到解决，是布什战略的缺陷所决定与造成的。布什政府在军事上取得了迅速胜利，但对阿富汗的战后重建难度明显评估不足，从而导致投入不足；其次，布什政府在阿富汗重

---

① 1999年阿富汗罂粟种植面积达到了历史上的第一个峰值9.1万公顷，鸦片产量达到了4600吨。数据来自：The Century Foundation，Afghanistan Watch，http：//www.tcf.org/afghanistanwatch/opiumfactsheet.pdf

建中阶段性目标的定位和付诸的手段都有很大的缺陷：各目标的解决、各手段的利用间缺乏配合，目标单一，手段单一。布什政府将主要精力放在了打击塔利班上，忽视经济问题、毒品问题和腐败问题的解决；且过分依赖军事手段，忽视经济手段、政治手段等的利用。前面所述，阿富汗各问题间盘根错节，相互联系，单独解决某问题的做法很难取得实效，需要多目标、多手段之间的相互配合。可以说，阿富汗的局势现状得以僵持，布什战略是最主要的原因。

## 三、阿富汗局势走向对和平重建进程的影响

阿富汗的局势走向在一定程度上决定着和平重建进程的难易程度。由于历史与现实方面的原因，阿富汗的局势至今不容乐观，阿富汗问题的解决非一日能够完成，阿富汗的和平重建进程任重道远。总体而言，阿富汗的和平重建还有很长的路要走，但前途光明。

首先，阿富汗和平重建任重道远。阿富汗问题是一个综合性的国家重建问题，带有很大的复杂性与长期性。由于历史与现实方面的原因，阿富汗局势至今进展不大，各个问题依旧复杂严重，这决定了和平重建进程任重道远，不可能短期内得到彻底解决，甚至不大可能取得大的进展。从对阿富汗各个问题的分析中可以得知，毒品问题而非恐怖主义才是解决阿富汗难题的关键突破口。毒品问题上有所进展，一可以切断恐怖主义的财政来源，对恐怖袭击进行“釜底抽薪”，二可以缓解阿富汗经济上的畸形

结构，三可以改善民生，使之摆脱对罂粟种植的依赖，四可以打击官员与贩毒集团之间的相互勾结，改善腐败局面，增强政府威信等等。但毒品问题在阿富汗由来已久且根深蒂固，布什政府对其重视不足且举措失当，同时关系到广大毒农的切身利益，替代农作物的选择与相关农业设施服务的建设注定耗资巨大，且非一日之功。

其次，虽然困难重重，但和平重建在遭受挫折与僵局后能取得实质性进展，前途光明。这主要可以从奥巴马战略革新中得到判断。阿富汗问题的解决是一个长期的过程，奥巴马从以往战略中吸取教训，所做的战略革新与部署从总体上讲符合阿富汗现状，算得上对症下药。如果将阿富汗比成患了一场大病，布什政府的作为主要取到了缓解症状的效果，奥巴马的战略则有意去除病灶、改善体质、彻底治愈的想法，才是阿富汗问题解决与和平重建的正确之道。当然，阿富汗问题具有长期性，而奥巴马战略是否具有延续性还不得而知。这也让阿富汗局势走向与和平重建进程多了更多的模糊性。

# 后 记

自"9·11"事件后，美国和北约发动阿富汗战争，打垮了塔利班政权并驻军阿富汗。但该地区的恐怖主义活动以及地区安全形势并没有发生根本好转。由于地理、文化、宗教等因素的影响，近年来，中亚地区与南亚地区恐怖主义活动的联系越来越紧密。2009年美国总统奥巴马提出阿富——巴新战略，把中亚和南亚的反恐战争连为一体，这样，研究恐怖主义和地区安全问题，就难以把中亚和南亚分开了。

长期以来，国内国际问题研究学界按其所研究的区域，形成不同区域研究的学术圈，如：中亚和西亚北非研究、南亚研究、东南亚研究、东北亚研究、欧洲研究、非洲研究、北美研究等等，相互间缺乏交流往来。客观形势的发展变化，要求对中亚、南亚地区恐怖主义的研究要相互联系，分享信息，共同探讨该地区的形势走向和新问题、新挑战，这就需要研究中亚问题的学者与研究南亚问题的学者加强交流，互展所长，通力合作，共同探讨中亚—南亚的恐怖主义与地区安全问题。

为此，兰州大学中亚研究所杨恕教授在2009年首倡联合举办学术研讨会，邀请国内从事中亚和南亚研究的学者聚集到一起，就中亚和南亚的恐怖主义问题进行探讨。我认为这一倡议极具创意，符合现实需要，予以积极回应。双方商定，由兰州大学中亚研究所和四川大学巴基斯坦研究中心联合举办“中亚—南亚的恐怖主义与地区安全”研讨会，轮流承办会议。2010年7月，兰州大学中亚研究所在兰州大学承办了第一届“中亚—南亚的恐怖主义与地区安全”研讨会，反应积极。按商定，此次由四川大学巴基斯坦研究中心承办，在四川大学举行第二届“中亚—南亚的恐怖主义与地区安全”研讨会，并将这次研讨会上所提交的论文结集出版，列入“巴基斯坦研究丛书”，供国内读者了解研讨会相关情况和参考。

收入这本论文集的，主要是第二届“中亚—南亚的恐怖主义与地区安全”研讨会上收到的论文，也收入了第一届“中亚—南亚的恐怖主义与地区安全”研讨会上的个别文章（经过作者修改）。没有提交论文的学者在研讨会上作了内容丰富的发言，专题讨论热烈，颇具启发价值。他们所表达的看法，在“会议综述”里有所反映。兰州大学和四川大学的几位研究生参加了研讨会并提交了论文，他们的论文也收入了论文集，以鼓励青年学子。

全书由陈继东主编，朱颀副主编，仅对各位学者提交的论文作了一些必要的技术性编辑，使全书体例基本一致。为体现学术自由精神，遵循各抒己见、文责自负原则，论文集未对作者的观点作任何改动，特此说明。

兰州大学中亚研究所杨恕教授、汪金国教授、朱永彪老师等对研讨会的筹备和顺利举行给予了极大帮助，特此致谢。这种合作模式得到与会学者的认同和支持，将继续做下去。

本书的出版得到四川出版集团巴蜀书社相关编辑人员的大力支持，使之能尽快面市，特此致谢。

**陈继东谨识**

**2011年8月2日**

**图书在版编目（CIP）数据**

中亚—南亚的恐怖主义与地区安全 / 陈继东主编．—成都：巴蜀书社，2013.8
（巴基斯坦研究丛书）
ISBN 978-7-5531-0278-8

Ⅰ.中… Ⅱ.①陈… Ⅲ.①恐怖主义－研究－中亚、南亚 ②国家安全－研究－中亚、南亚 Ⅳ.①D815.5

中国版本图书馆CIP数据核字（2013）第162885号

**中亚—南亚的恐怖主义与地区安全**

ZHONGYA—NAYA DE KONGBU ZHUYI YU DIQU ANQUAN

陈继东　主编
朱　颀　副主编

责任编辑　陈　礼
出　　版　四川出版集团巴蜀书社
　　　　　成都市槐树街2号　邮编 610031
　　　　　总编室电话：（028）86259397
网　　址　www. bsbook. com
发　　行　巴蜀书社
　　　　　发行科电话：（028）86259422　86259423
经　　销　新华书店
印　　刷　四川五洲彩印有限责任公司
版　　次　2013年8月第1版
印　　次　2013年8月第1次印刷
成品尺寸　203mm×140mm
印　　张　8.875
字　　数　250千字
书　　号　ISBN 978-7-5531-0278-8
定　　价　28.00元